The Dictators Who Want to Run the World

獨裁者聯盟

專制政權如何互相幫助與布局跨國金權網路

AUTOCRACY INC

Anne Applebaum

安愛波邦——著 李寧怡——譯

獻給樂觀主義者

目次

推薦序

朱敬一（中央研究院院士、特聘研究員）

《獨裁者聯盟》一書的作者安愛波邦（Anne Applebaum）是美國知名媒體人，曾經在二〇〇四年因其有關蘇聯古拉格歷史的寫作而得到普利茲獎。作者本人是共產黨歷史的專家，對於蘇聯了解甚深。

但這本書不是一本歷史寫作，字字力透紙背，凸顯作者對於獨裁者作為心底的痛恨、深沉的無奈，與動情的呼籲。

最近十年，全球有哪些獨裁者橫行霸道呢？知名的國家包括俄羅斯、中國、北韓、委內瑞拉、烏干達、古巴、伊朗、白羅斯、土耳其、辛巴威、盧安達、柬埔寨等，其他當然還有一些小咖族繁不載。這些國家領導人的名字我們未必全記得，但他們的惡劣作為我們在新聞媒體上看過不少。

為什麼獨裁者要結為聯盟呢？這不難理解。我們小時候就讀過故事：一隻筷子一折就斷、兩隻筷子一折就斷，但一把筷子就折不斷。這個故事的教訓很清楚：團結力量大。幾位獨裁者結成聯盟，使得其他國家對獨裁者奈何不了，增加了獨裁者的韌性。全球想要對獨裁者「折筷」的，通常是指歐美為首的民主國家；而制裁，往往是因為獨裁者若干天怒人怨的作為而引發。

例如：俄羅斯入侵烏克蘭，造成幾十萬人民流離失所，死傷兵員難以統計，經濟損失更是天文數字。俄羅斯入侵並不是因為烏克蘭對俄羅斯有什麼冒犯，完全是因為普丁「緬懷彼得大帝俄羅斯光榮」這種莫名奇妙的虛幻民族主義。為了制裁普丁的侵略，歐美國家祭出制裁，包括禁購俄國天然氣、禁止俄國用SWIFT等。這個時候，獨裁者聯盟的威力就出現了。歐洲不買俄羅斯天然氣？沒關係，中國增加購買。歐美不讓你利用SWIFT的轉帳資訊便利？沒關係，我們幾個獨裁國自己成立一套替代系統，大家都給你方便。更不用說，獨裁國家之間可以在國內監控網路技術、關鍵資源互通有無、多重繞路迴避貿易杯葛、聯合國發聲支援等各方面，都同氣連枝，彼此支持。

如果俄羅斯或中國與美國之間就只是「霸權」鬥爭，那麼中國與俄羅斯形成結盟，共同對抗美國就無可厚非。一群國家與另一群國家「爭霸」，不見得有什麼是非對錯。臺灣不必站邊，安愛波邦也不必義憤填膺。

但現實不是如此。美歐諸國與中、俄、土、古、烏、辛、柬等諸獨裁政權之間，有一點基本的不同。臺灣站在歐美這一邊，不是選「邊」，而是選擇了歐美所代表的價值：民主、自由、人權、多元等「人本」價值。臺灣人民身上的漢民族基因絕對多於高加索白人基因，但是我們面對的不是血液基因的民族選擇，而是人本與否的體制選擇。當獨裁者威脅到我們最重要的人本價值時，安愛波邦的焦慮，我們就感同身受。

回過頭來看看獨裁者的嘴臉。他們真的是民族主義者嗎？他們真的只是受到民族主義召喚而動輒要併吞他人嗎？顯然不是如此！安愛波邦的書與《巴拿馬文件》等資料給我們提供了很多例子：普丁平常的生活有多奢華、溫家寶家族在國外有二十七億美金、習近平家族在國外「只有」三億美金、金小胖喜歡坐資本主義社會生產的豪華賓士Maybach轎車、烏干達領袖如何奢侈糜爛等。所以說穿了，每個獨裁者都是自私自利的傢伙，唬弄群眾的時候滿口仁義道德，私下享受時不忌腥羶奢色。憑什麼這一群混蛋，可以來對我們頤指氣使呢？憑什麼幾千萬人民的自主抉擇，抵不上一個自私自利混球的荒謬幻想呢？

安愛波邦這本書英文版付梓的時候，美國大選尚未揭曉。我猜想，川普當選之後，作者一定比寫書時更為哀怨。川普的許多發言，與作者的價值觀點差異極大。作者的價值體系差不多與美國民主黨的主流觀點接近，然而川普獲得過半數普選票，卻也紮實呈現了美國人民民主選擇的價值。這真是一個矛盾的世界：作者在「人本主義普世道德體系」與「美國國內民主價值體系」之間，面臨一種掙扎。不只安愛波邦，前述掙扎也存在於民主國家許多人的心中。

朱敬一　於南港中央研究院

推薦序

穿越專制迷霧的警世之作

羅世宏（中正大學傳播學系教授）

《獨裁者聯盟》這本榮獲德國出版界最高榮譽「德國書業和平獎」（Peace Prize of the German Book Trade）的著作，揭露了一個令人不安的事實：當代專制政權不再是孤立的政治實體，而是透過跨國協作形成高度靈活且精密的「獨裁者聯盟」。作者安愛波邦（Anne Applebaum）以深刻的洞察力，揭開俄羅斯、中國及其他專制國家如何攜手打造出一個相互支持的國際網絡，從技術監控到經濟滲透，從資訊戰到外交戰，它們除了想方設法集中權力、聚斂財富，更聯手挑戰以民主、法治與人權為核心的國際秩序。

這本書不僅是跨越地緣政治、新聞媒體與歷史領域的傑作，更是一份行動呼籲。作者提醒我們，民主制度並非牢不可破，唯有認清威脅、採取行動，才能守護自由民主與人權價值。

獨裁者聯盟的網絡化操作

安愛波邦指出，當代專制政權已經擺脫單一領袖控制的傳統模式，進化成為一種精密且網絡化的合作體系。這些網絡涵蓋國營企業、軍事機構、情報部門，以及國際金融與跨國科技合作，並以靈活的利益交換機制來應對國際壓力。

書中特別分析俄羅斯與中國的合作模式。面對西方制裁，俄羅斯將能源出口轉向中國，而中國則利用俄羅斯的天然氣滿足自身需求。這種合作不僅局限於經濟層面，還涉及數位監控技術與政治影響力的協作。兩國在聯合軍演和國際組織中的協作也進一步顯示，它們正試圖透過改寫國際規則，削弱民主國家的主導地位。

此外，其他專制國家也透過獨裁者聯盟的合作機制鞏固自身政權。例如，委內瑞拉的馬杜洛政權在面臨國內經濟崩潰與國際孤立時，獲得俄羅斯的軍事技術支援與伊朗的石油供應。伊朗同樣在中東展現其專制國際中的影響力，向俄羅斯提供無人機技術，支援其在烏克蘭的軍事行動。這些合作模式不僅展現利益交換的靈活性，更顯示獨裁者聯盟無畏國際制裁的抗壓韌性根源。

敘利亞：獨裁者聯盟續命的典型案例

敘利亞阿薩德政權的命運，是這個獨裁者聯盟如何運作的最佳例證。書中指出，統治敘利亞長達半世紀的阿薩德政權，二〇一八年就已經因為內戰和國際制裁而岌岌可危，國內經濟崩潰、反對派武裝進逼，政權幾近崩塌。然而，正是俄羅斯、伊朗和中國的全力支持，使得這個政權得以「續命」多年。

俄羅斯以空襲與武器支援穩固戰場優勢，並透過外交否決權阻擋國際制裁；伊朗提供地面部隊和石油資源，直接支撐敘利亞的軍事與經濟運作；中國則在聯合國發揮重要作用，為敘利亞爭取國際喘息空間。這種跨國合作展現獨裁者聯盟如何為了彼此利益而相互奧援，以鞏固脆弱的專制政權。

阿薩德政權的最終倒臺，讓我們看到這個獨裁者聯盟的侷限，也讓敘利亞有了重新擁抱自由的可能性。據無國界記者組織（ＲＳＦ）指出，這個殘暴的獨裁政府統治期間，敘利亞成為全球對新聞工作者最為危險的國家之一。自二〇一一年以來，阿薩德政權及其共犯殺害和處決超過一百八十名記者，並對數百名媒體專業人士施以監禁與酷刑。無國界記者組織呼籲追訴阿薩德的罪行，並要求未來的敘利亞領導人確保記者安全，營造自由的媒體環境。

敘利亞案例凸顯獨裁者聯盟的兩面性：一方面，它延緩了阿薩德政權的倒臺，反映獨裁者聯盟在地緣政治中的影響力；另一方面，它也意味著獨裁者聯盟的存續係以人民苦難為代價，特別是在新聞自由與媒體工作者的人身安全上，這個貪婪與殘暴的專制政權造成了無可挽回的損失。

正如安愛波邦強調，獨裁者聯盟的操作模式不僅是延續瀕臨崩潰的政權，更以資訊控制和跨國鎮壓來支撐專制的合法性，進一步壓縮民主國家推動變革的空間。

資訊戰與輿論控制：獨裁者聯盟的核心武器

在獨裁者聯盟的運作中，資訊戰與輿論控制是其核心武器之一。安愛波邦詳細剖析這些政權如何利用現代數位技術和虛假訊息削弱與壓制國內的異議聲音，並且塑造有利於專制敘事的國際輿論。

書中特別提到白羅斯的案例。二〇二〇年總統選舉引發全國性抗議時，盧卡申科政權失去國內媒體的支持，俄羅斯迅速派遣記者接管白羅斯的媒體操作，成功平息抗議風潮。

此外，獨裁者聯盟的成員國透過社交媒體擾亂民主國家的公共輿論。例如，俄羅斯透過虛假資訊干預二〇一六年美國總統選舉，利用網軍攻擊競選對手，並攻擊民主制度。同時，中國利用「孔子學院」等文化機構進行意識形態滲透，結合軟實力與銳實力，擴大其對國際輿論及外國內部事務的影響力。

獨裁者聯盟的資訊戰不僅針對外部敵對國家，也針對內部的異議人士。書中分析中國如何利用人工智慧技術，透過臉部辨識與大數據系統監控異議份子，並壓制任何可能的反對聲音。同時，這些監控技術被出口到其他專制國家，進一步加強獨裁者聯盟的統治基礎。

跨國鎮壓與資訊控制的結合

專制政權不僅善於利用虛假訊息操控國內外輿論，甚至不惜展開跨國鎮壓行動以壓制異議聲音。書中提及沙烏地阿拉伯在二〇一八年於土耳其謀殺記者卡修吉（Jamal Khashoggi）的案例，顯示專制國家如何利用外交與情報合作掩蓋罪行。此外，中國政府也透過數位監控與國際影響力，追蹤並威脅流亡海外的異議人士及其家屬。

獨裁者聯盟的這些操作模式，不僅正在削弱國際社會對民主國家的支持，還進一步擴大專制國家的影響力。例如，俄羅斯的「今日俄羅斯」（RT）和中國環球電視網（CGTN）等國際媒體，積極塑造專制政權的合法性，並將民主國家的內部問題放大，以破壞國際社會對民主價值的信任。

全球民主現狀與挑戰

瑞典哥德堡大學的《民主報告二〇二四》進一步顯示專制政權的全球影響力：全球民主現況已倒退至一九八五年的水準，專制化國家數量與民主國家數量幾乎持平，但專制國家已涵蓋全球七十一%的人口。報告強調，數位技術正在成為專制政權壓制民主的重要工具，例如操控選舉、限制言論自由和削弱公民社會的影響力。

報告中還指出，中東和北非地區的專制化程度最為嚴重，約九十八%的人口生活在專制政權之下，而東歐與南亞的民主倒退則因俄羅斯與印度的專制化趨勢而更加惡化。

在專制化浪潮中，臺灣的民主成就顯得尤為珍貴。根據瑞典多元民主中心（V-Dem）的《二〇二四年民主報告》，臺灣被列為全球少數自由民主國家之一，其選舉公平、公民自由與司法獨立均維持在高水準。臺灣作為東亞地區的民主燈塔，展現了在專制勢力威脅下堅守自由民主價值的難能可貴。然而，臺灣也面臨來自外部的嚴峻挑戰。中國透過虛假訊息和網路攻擊干預臺灣的公共輿論，試圖削弱其民主根基。

專制政權解碼者：安愛波邦的獨特貢獻

安愛波邦是美國知名記者、歷史學家與公共知識分子，專注於專制主義與極權主義的研究。她在耶魯大學和倫敦政治經濟學院接受大學與研究所教育。職業生涯中，她曾任職於《經濟學人》等知名媒體，現為《大西洋月刊》的專職撰稿人，並在約翰霍普金斯大學高等國際研究學院擔任高級研究員。

她的代表作《古拉格的歷史》（*Gulag: A History*）詳細記錄了蘇聯古拉格集中營的歷史，揭露了極權統治下的人性悲劇，並因此榮獲二〇〇四年普立茲非小說類獎。此外，《鐵幕降臨：赤色浪潮下的東歐》（*Iron Curtain: The*

Crushing of Eastern Europe, 1944-1956）和《紅色飢荒：史達林的烏克蘭大屠殺》（*Red Famine: Stalin's War on Ukraine*）進一步奠定了她在研究東歐極權主義的權威地位。

守護自由民主與人權，需要共同行動

《獨裁者聯盟》是一部向世人示警的力作，透過翔實的分析和深刻的洞見，揭示了專制國際如何運作並削弱民主制度的根基。在當前全球專制勢力擴張的脈絡下，本書不僅為民主國家提供及時的警示，也指出具體的應對之策。

安愛波邦呼籲民主國家團結一致，有效反擊這類獨裁者聯盟，以確保人權與新聞自由的核心價值。民主與專制的對抗是一場持久戰，沒有人可以置身事外。唯有認清威脅、積極行動，才能穿越獨裁者聯盟的專制迷霧，守護自由、民主與人權之亮光。

獨裁者聯盟

專制政權如何互相幫助與
布局跨國金權網路

前言　獨裁者聯盟

每個人心目中都有一幅獨裁國家的漫畫圖像：一個惡人位居頂端，控制著軍隊和警察，軍隊和警察則以暴力威嚇人民。圖像裡還有和獨裁者狼狽為奸的邪惡分子，或許也有幾名勇敢的異議人士。

然而在二十一世紀，現實情況幾乎已和這幅圖像全然不同。當今的獨裁政體不是只由一個壞人掌控，而是由一個個精密的網絡控制，仰賴用於竊國的金融架構、繁複的維安體系（軍隊、準軍事組織、警察），以及提供偵察監控、政治宣傳、不實資訊的技術專家。這些統治網絡的成員不僅是在某個獨裁國家內部聯繫，也與其他獨裁國家的統治網絡往來，有時還和民主國家的成員互通聲息。一個獨裁國家的腐敗國營企業，會與另一個獨裁國家的腐敗國營企業做生意。一國的警察可能為其他多國警察提供武器、裝備與訓練。從事政治宣傳的部門也會共享資源——為某一個獨裁者宣傳的網軍農場與媒體網絡，也能用來為另一個獨裁者宣傳，連宣傳主題都能共享：無非是民主體制已衰退、獨裁體制很穩定、美國有多邪惡。

倒不是有什麼讓壞人密會的祕密房間，像〇〇七詹姆斯龐德（James Bond）電影那樣。我們與他們的衝突也不是黑白分明的二元競爭，彷彿出現「二次冷戰」。當代獨裁者之中，有人自稱共產主義者，有人自稱君主主義者，有人自稱民族主義者，還有人自稱神權主義者。他們的政權不僅歷史根源不同，目標各異，信奉的美學也相左。中國的共產主義和俄羅斯的民族主義不僅彼此有別，也和委內瑞拉的玻利瓦社會主義、北韓的主體思想、伊朗伊斯蘭共和國的什葉派極端主義各不相同。這些政權不同於沙烏地阿拉伯、阿拉伯聯合大公國（簡稱「阿聯」）等君主政體或越南等專制國家（這些國家大多無意削弱民主世界），也不同於土耳其、新加坡、印度、菲律賓、匈牙利等較溫和的獨裁國家或混合式民主國家（這些國家也稱「非自由民主國家」，有時和民主世界作風一致，有時不然）。這整個政權群體與其他時代、其他地方的軍事或政治聯盟都不一樣，它的運作不像政治集團，而是類似企業集團，束縛它的不是意識形態，而是那股決心保護個人財富與權力的無情意志。這就是「獨裁者聯盟」。

俄羅斯、中國、伊朗、北韓、委內瑞拉、尼加拉瓜、安哥拉、緬甸、古巴、敘利亞、辛巴威、馬利、白羅斯、蘇丹、亞塞拜然，以及其他三十多國的強人，其共同之處並非理念一致，而是剝奪公民發揮實際影響力或公開發聲的權利，反對一切形式的透明度或問責制，打壓任何在國內或國外挑戰他們的人。他們對於財富，也都抱持極度實際的態度。過去的法西斯和共產政權領導人背後有政黨機器，不會將個人的貪婪展現在外；獨裁者聯盟的領導人則不同，他們多半坐擁奢華豪宅，並以營利企業的形式進行各種合作。他們彼此之間的紐帶，以及與民主世界友人的往來，都不是以共同理想為基礎，而是透過交易達成——這些交易包括繞過制裁措施、交換監控技術與幫助彼此致富。

獨裁者聯盟也藉由協同合作來協助其成員維持政權。白羅斯的盧卡申科（Alexander Lukashenko）政權缺乏民意支持，備受歐盟、歐洲安全暨合作組織等多個國際組織批評，歐洲鄰國也避免與該國往來。白羅斯許多商品都無法在美國或歐盟銷售，國營的白羅斯航空亦無法飛往歐洲國家。但這些作為都未能真正孤立白羅斯。已有二十多家中國企業在白羅斯投資，甚至要打造「中國—白羅斯工業園」，仿效蘇州的一項類似建設。[*] 伊朗二〇二三年和白羅斯進行了高層外交互訪、古巴官員曾在聯合國發言聲援盧卡申科；俄羅斯則向白羅斯提供市場、跨國投資與政治支持，可能還提供警察與維安服務。二〇二〇年，白羅斯記者群起反抗，拒絕報導虛假不實的選舉結果，俄羅斯就派出本國記者取而代之。白羅斯政權的回饋則是允許俄羅斯在其領土上部署軍隊與武器，用於攻打烏克蘭。

委內瑞拉也是理論上被國際社會排斥的國家。二〇〇八年以來，美國、加拿大和歐盟都對委內瑞拉加強制裁，以回應這個政權的殘暴統治、毒品走私，以及與國際犯罪組織千絲萬縷的關聯。然而，俄羅斯卻向委內瑞拉總統馬杜洛（Nicolás Maduro）的政權提供貸款，並且和伊朗一樣投資於委內瑞拉的石油產業。白羅斯一家企業在委內瑞拉組裝曳引機、土耳其為委內瑞拉的非法黃金貿易提供便利管道、古巴則長期為委內瑞拉政府提供維安顧問與技術。二〇一四年和二〇一七年，中國製的水砲、催淚瓦斯和盾牌被用於鎮壓委內瑞拉首都卡拉卡斯的街頭抗爭者，共造成七十多人喪命，中國設計的監控技術則用於監控委內瑞拉民眾。在此同時，委內瑞拉政權的成員、他們的隨從與家人則藉由國際毒品貿易，源源不絕獲得凡賽斯（Versace）和香奈兒的精品。

* 譯註：中白工業園號稱以「中國—新加坡蘇州工業園」為原型。

白羅斯和委內瑞拉的獨裁領導人在自己國家都廣遭人民鄙棄。若舉行自由選舉，這兩人必然敗選，因為他們在國內都有強大對手：白羅斯和委內瑞拉的反對派運動都由多位頗具魅力的領袖和投入甚深的基層社運人士領導，他們激勵人民敢於冒險，努力爭取改變，並走上街頭抗爭。二〇二〇年八月，人口僅千萬的白羅斯有超過百萬民眾走上街頭，抗議選舉被竊取。數十萬委內瑞拉人民也多次參加全國各地的抗議活動。

如果這些反對派的敵人只是腐敗且破產的委內瑞拉政權，或殘暴陰險的白羅斯政權，他們的反對運動或可成功。但他們要對抗的不只是本國獨裁者，還有全球多國的獨裁者，這些獨裁者掌控國營企業，可藉此做出數十億美元的投資決策。反對運動要反抗的政權還能向中國購入監控攝影機，或買到來自聖彼得堡的網軍。況且，他們要反抗的統治者早已煉成鐵石心腸，對本國百姓和外國人的感受與意見無動於衷。獨裁者聯盟不僅為其成員提供金錢和安全，還提供另一項無形的好處：有罪免罰。

那些意志極為堅決的獨裁者普遍相信，外部世界對他們無計可施（他們不在乎其他國家的觀感，也不接受任何輿論法庭的評判），然而這種信念其實是近年才出現的。從前從前，二十世紀下半葉最強大獨裁國家蘇聯的領導人反而非常在意全世界對他們的看法。他們極力宣揚蘇聯政治制度的優越性，如果受到批評，也會提出反對意見。對於二戰後涵蓋普世人權、戰爭法、法治等內容，或是頗具理想性質的國際規範與條約體系，他們至少會口頭承諾支持。蘇聯領導人赫魯雪夫（Nikita Khrushchev）最著名的事蹟之一，就是曾在一九六〇年聯合國大會上起身用鞋子拍桌，當時他是為了反駁菲律賓代表指稱蘇聯占領下的東歐「政治與公民權利都被剝奪」，「都被蘇聯吞噬了」。即便是二十一世紀初，大多數獨裁政權也會將真實意圖隱藏在精心策畫、仔細操縱的民主假象之後。

時至今日，獨裁者聯盟的成員已不在乎自己或國家是否被批評，或被誰批評。有些成員如緬甸和辛巴威的領導人，只在意擴充個人財富和維持政權，根本不會因外界批評而心生羞愧。伊朗的領導人滿懷自信，不把西方異教徒的觀點放在眼裡。古巴和委內瑞拉領導人則將國外批評定性為「帝國主義組織起來顛覆他們」的證據。中俄領導人耗時十年，對各個國際機構長久以來的人權主張提出異議，成功地讓全世界許多人相信，關於戰爭和種族滅絕的條約、公約及「公民自由」、「法治」等概念都只代表西方觀點，不適用於他們。

國際社會的批評撼動不了當代獨裁者，他們對於公開的暴行毫無愧色。緬甸軍政府就無意隱瞞在仰光街頭殺害數百名示威者一事，哪怕受害者包括青少年。辛巴威政權也在荒唐的偽選舉中公然騷擾反對派候選人。中國政府大言不慚地鎮壓廣大市民參與的香港民主運動，並在新疆實施所謂「反極端主義」運動——包括大規模逮捕數千名維吾爾穆斯林並關進集中營。伊朗政權亦毫不掩飾地暴力打壓婦女。

若情況演變到極致，這種對外界批評的蔑視可能會演變成「馬杜洛模式」

的治理方式。這是國際民主運動人士波波維奇（Srdja Popovic）以委內瑞拉現任領導人之名命名的模式：採行這種模式的獨裁者「寧願自己國家落入失敗國家之列」，反正只要能繼續掌權，他們可以接受國家經濟崩潰、暴力氾濫、人民貧困、孤立於國際社會。好比敘利亞總統阿塞德（Bashir al-Assad）和白羅斯總統盧卡申科，似乎就完全不介意自己治理的經濟與社會陷入崩潰。民主國家的人民可能很難理解這類政權，因為這些政權的首要目標並非創造繁榮或提高民眾福祉，而是繼續掌權。他們願意為此破壞鄰國穩定、摧毀百姓的生活、甚至不惜（追隨前任統治者的腳步）讓數十萬名本國公民送命。

＊＊＊

二十世紀的獨裁者不如今天這麼團結。當時的共產黨人和法西斯分子還兵戎相見，就連共產國家之間有時也會相互討伐。但他們對於蘇聯創建者列寧蔑視的「資產階級民主制度」的確看法一致。列寧認為這套民主制度「限制重重、充滿齊頭式謬誤且偽善，是有錢人的天堂，卻是被剝削者和窮人的陷阱與圈套」。他寫道，「純粹民主」是「自由主義者用來愚弄工人的捏造說詞」。身為一個原為極小規模政治派系的領導人，列寧對自由選舉的概念嗤之以鼻並不令人意外。他認為：「只有鼠輩與笨蛋，才會認為無產階級必須先在套著資產階級枷鎖進行的選舉中贏得多數。這種想法根本是蠢到極點。」

法西斯主義的創始人雖然強烈反對列寧政權，但同樣對他們的民主派對手不屑一顧。促使「法西斯主義」和「極權主義」等詞彙誕生的義大利領袖墨索里尼，就曾嘲笑自由主義社會衰弱且墮落。他在一九三二年預測：「自由主義國家注定要滅亡，因為當前所有的政治實驗都在反對自由主義。」他還翻轉了「民主」的定義，將義大利和德國的獨裁專政定義為「當今世界上最偉大、最健全的民主政體」。希特勒對自由主義的批評也遵循同樣模式。

他在《我的奮鬥》一書中寫道，議會民主是「人類腐朽的最嚴重跡象之一」，並宣稱「個人自由並非文化水準更高的象徵，對個人自由加以限制才是」，只要這種限制是由一個種族純淨的組織實施。

早在一九二九年，後來成為中華人民共和國獨裁統治者的毛澤東就曾針對他所謂的「極端民主化」提出警告，因為「這種思想是和無產階級的鬥爭任務根本不相容的」——這段言論記載於他後來出版的《小紅書》，也就是《毛主席語錄》。一九六二年發表的〈緬甸的社會主義之路〉是當代緬甸政權創立時的重要文件，該文也長篇大論抨擊民選立法機構：「緬甸的『議會民主』不僅不適合我國社會主義發展，還充滿了矛盾、缺陷、弱點和漏洞，加上它濫權與缺乏成熟的公眾輿論，因此導致國家喪失與偏離了社會主義目標。」

埃及詩人庫特布（Sayyid Qutb）是當代激進伊斯蘭教的創始思想家之一，他同時借用了共產主義對普世革命的信仰，以及法西斯主義者對暴力解放力量的信念。他與希特勒和史達林一樣，認為自由主義思想和現代商業對於建立理想文明（在他看來是伊斯蘭文明）構成威脅。他建立了一套反對民主與個人權利的意識形態，打造出以毀滅與死亡為核心的狂熱信仰。伊朗學者暨人權運動者博魯曼姊妹（Ladan and Roya Boroumand）寫道，庫特布想像「在意識形態上有自覺的先鋒少數派」將領導一場暴力革命，目的是建立一個理想社會，「一個沒有階級的社會，驅逐那些自由民主國家的『自私個人』，並廢除『人類剝削人類』的體制」。唯有真主才是統治者，藉由實施伊斯蘭教法（shari'a）來治理」。博魯曼姊妹認為，這其實是「套著伊斯蘭裙裝的列寧主義」。

現代獨裁者有許多面向都與二十世紀的前人不同。但這些繼承、接班、模仿老一輩領袖與思想家的新一代領導人，無論意識形態如何相左，都有一個共同敵人，這個敵人就是我們。

更精確地說，這個敵人是民主世界、「西方」、北大西洋公約組織、歐盟、他們國內的民主派對手，以及啟發前述所有人的自由思想。這些思想包括：不受多變政治力量影響的中立法律、獨立的法院和法官、合法的政壇反對派、有保障的言論和集會權利，以及承認獨立記者、作家和思想家的存在，他們可以批評執政黨或領導人，同時仍忠於國家。

獨裁者痛恨這些原則，因為他們的權力會因此受到威脅。如果法官和陪審團是獨立的，他們就可以對統治者究責。如果有真正的新聞自由，記者就可以揭露政壇高層的竊國與腐敗。如果政治制度讓公民擁有影響政府的權力，公民將得以改變政權。

這些獨裁者對民主世界的敵意，已不僅是某種傳統地緣政治競爭（儘管那些「現實主義者」和太多國際關係戰略家仍然如此相信）。他們的反對根源於民主制度的本質，根源於「問責制」、「透明」、「民主」這些詞彙。獨裁者從民主世界聽到這些用語，又聽到本國異議人士使用同樣的措詞，於是他們想將兩者都摧毀。他們自己的言論已清楚表明態度。二〇一三年，習近平開始掌權時，一份名稱神祕的〈九號文件〉*就列出了中國共產黨面臨的「七大危險」。頭號危險就是「西方憲政民主」，其次包括「普世價值」、媒體獨立性與公民參與，以及對共產黨的「虛無主義」批評。這份惡名遠播的文件結論是，「西方反華勢力」與境內「異見者」仍不斷在中國「意識形態領域搞滲透活動」。該文件指示黨幹部反制這些概念，並且控制它們在公共領域的傳播：無論在哪裡發現，都必須加以管控，尤其是在網路上。

至少從二〇〇四年開始，俄羅斯當局也一直在關注同樣的威脅。那一年，烏克蘭人發起群眾反抗運動「橘色革命」（名稱源自示威者的橘色T恤和橘色旗幟），反對當權者竊取總統選舉的拙劣企圖。在普丁親自支持的親俄候選人亞努科維奇（Viktor Yanukovych）精心操縱及策畫之下，本來會出現由他勝選的結果，但烏克蘭人民憤怒地介入干預，讓俄羅斯當局深感不安，特別是前一年在喬治亞共和國才剛發生一場無法控制的類似示威，讓親歐盟的政治人物薩卡什維利（Mikheil Saakashvili）獲得政權。普丁因為這兩起事件飽受震撼，就以「顏色革命」這個妖魔化的詞彙作為俄羅斯政治宣傳的核心。在俄羅斯，公民示威運動總是被形容成「顏色革命」，都是境外勢力導致。受到人民支持的領袖總被說成是外國傀儡。反貪腐、挺民主的口號，則都被說成會導致混亂與不穩定。二〇一一年，俄羅斯也發生大規模示威，抗議當時的選舉被操縱，普丁憤恨地重提橘色革命，稱之為一套「經過充分測試的破壞社會穩定方案」，並指控俄羅斯反對派「將這套做法移植到俄國的土地上」。他擔心俄國也會發生類似的人民反抗運動，意圖推翻他的執政地位。

他錯了。根本沒有什麼被「移植」的「方案」。俄羅斯人民的不滿情緒，就和中國人民的不滿情緒一樣，除了街頭示威之外無可宣洩——普丁的反對者無法藉由合法手段讓他下臺。俄羅斯政權的批評者會談論俄國的民主和人權問題，是因為這反映了他們經歷的不公義，而且這類不公義不僅僅發生在

* 正式名稱為〈關於當前意識形態領域狀況的公報〉。

俄羅斯。從菲律賓、臺灣、南非、南韓、緬甸和墨西哥等地引發民主轉型的抗議活動，到一九八九年席捲中歐和東歐的「人民革命」、二〇一一年的阿拉伯之春、二〇一九至二〇年的香港示威活動，都是由經歷過政府不公義的人們所發起。

問題的核心是：獨裁者聯盟的領袖們深知，透明度、問責制、正義、民主等語彙向來能打動部分國民。為了保住權位，他們必須醜化這些概念，無論它們在哪裡出現。

＊＊＊

二〇二二年二月二十四日，俄羅斯對烏克蘭發動了全面戰爭，是獨裁者聯盟與民主世界之間首次發生全面的激烈戰鬥。俄羅斯在這個獨裁網絡中扮演特殊角色，既創造了現代世界盜賊統治與獨裁統治的結合體，也是當前最強勢尋求顛覆現狀的國家。這場侵略行動就是依據這種精神所策畫。普丁不但想攫取烏克蘭的領土，還想向全世界展現原有的國際行為舊規已不再適用。

從開戰第一天起，普丁和俄羅斯國安單位首長就公然表現出輕蔑人權相關言論的態度，藐視戰爭法、蔑視國際法和他們自己簽署的條約。他們逮捕市長、警察、公務員、學校校長、記者、藝術家、博物館館長等公職人員和公民領袖。他們在烏克蘭南部和東部占領的大部分城鎮建造酷刑室，用於刑求平民。他們綁架數千名兒童，將這些兒童從家人身邊或孤兒院帶走，給他們新的「俄羅斯人」身分，不讓他們返回烏克蘭家鄉。他們也故意將緊急救援人員當作攻擊目標。普丁無視俄羅斯曾在《聯合國憲章》和《赫爾辛基協議》中認可的領土完整原則，於二〇二二年夏天宣布，他要併吞那些甚至尚未落入俄軍控制的領土。占領軍竊取烏克蘭穀物並出口，再將烏克蘭工廠和礦山「國有化」，交給與普丁關係密切的俄羅斯商人，這也都是在嘲笑國際財產法。

這些行為並非戰爭的附帶損害或意料之外的副作用，而是出自一套有意識的計畫，目的是削弱一九四五年以來在國際法體系中建立的概念、規則和條約網絡，同時破壞一九八九年後建立的歐洲秩序。最重要的是，這些行為還損害美國及其民主盟友的影響力和聲譽。俄羅斯外交部長拉夫洛夫（Sergei Lavrov）開戰不久後就說：「這根本不是烏克蘭問題，而是關乎世界秩序的問題。」「當前的危機是當代歷史開創新紀元的決定性時刻，反映的是關於世界秩序將呈現何種樣貌的爭奪戰。」

普丁以為他不必為這些罪行付出任何代價，而且會迅速獲勝。這既是因為他對當今的烏克蘭太不了解，以為烏克蘭無法自衛，也因為他預期民主國家會屈從於他的願望。他以為美國和歐洲內部的嚴重政治分歧（其中有部分是他積極煽動所致）會使領導人無力治理。他認為歐洲商界（其中有部分是他長期試圖討好的）會要求恢復與俄羅斯往來。

從華府、倫敦、巴黎、布魯塞爾、柏林到華沙（更別提東京、首爾、渥太華與坎培拉）在俄羅斯二〇二二年入侵烏克蘭後做出的決策，自始就證明普丁錯了。民主世界對俄羅斯迅速實施嚴厲制裁，凍結俄羅斯的國有資產，並將俄羅斯各銀行都逐出國際支付系統。超過五十個國家都向烏克蘭政府提供武器、情報與資金。瑞典和芬蘭這兩個維持政治中立數十年的國家，都已決定加入北約。德國總理蕭茲（Olaf Scholz）宣稱德國已經來到「時代轉捩點」，同意向烏克蘭供應德國武器，是一九四五年以來首次為了發生在歐洲的戰爭這麼做。美國總統拜登在華沙發表演講時形容，這個時刻對美國，對歐洲，對美歐之間的跨大西洋聯盟都是考驗。

「我們會挺身捍衛各國的主權嗎？」拜登問，「我們會挺身捍衛人們免於遭受直接侵略的權利嗎？我們會挺身捍衛民主嗎？」

答案是肯定的。拜登在聽眾的熱烈掌聲中如此總結：「我們會強韌有力，我們會團結一致。」

不過，如果說普丁低估了民主世界的團結，民主國家同樣低估了這場挑戰有多艱鉅。就像委內瑞拉或白羅斯的民運人士一樣，民主國家逐漸意識到他們不只是在對抗侵略烏克蘭的俄羅斯，而是在對抗整個獨裁者聯盟。

早在俄羅斯非法入侵烏克蘭前，習近平就已表態支持俄國。他在二月四日和普丁發表聯合聲明，不到三週後，首批炸彈就落在基輔。這兩名領導人已預見美國和歐盟會極為憤慨，因此事前就張揚意圖，無視一切對俄羅斯行徑的批評，尤其是任何近似於「以保護民主和人權之名，干涉主權國家內政」的行為。儘管習近平未曾像普丁一樣執著於摧毀烏克蘭，儘管中方看來很希望避免核戰風險升級，但即使戰爭曠日持久，他們也拒絕直接批評俄羅斯。中方甚至從新的局勢中獲利，以低價購入俄羅斯石油和天然氣，還悄悄向俄羅斯出售國防科技。

中國並非唯一這麼做的國家。隨著戰事逐漸發展，伊朗向俄羅斯出口了數千架攻擊型無人機。北韓也提供彈藥與飛彈。俄羅斯的附庸國與非洲盟友，包括厄利垂亞、辛巴威、馬利、中非共和國，都在聯合國等國際場合支持俄羅斯。自開戰之初，白羅斯就允許俄羅斯軍隊使用其領土，包括公路、鐵路和軍事基地。土耳其、喬治亞、吉爾吉斯和哈薩克都是與獨裁世界有貿易聯繫的非自由民主國家，幫助俄羅斯國防工業繞過制裁而進口工具機和電子產品。印度則趁著俄羅斯石油降價大舉購入。

二〇二三年春天，俄羅斯官員的野心更盛。他們開始討論創立可能基於區塊鏈科技的歐亞數位貨幣，以取代美元並削弱美國在全球的經濟影響力。他們也打算深化與中國的關係，共享人工智慧與物聯網的研究成果。這一切活動的終極目標殆無疑義。一份敘述相關討論的外洩文件，結論就呼應了拉夫洛夫的說法：俄羅斯應以「建立新的世界秩序」為目標。

這個目標獲得廣泛認同。獨裁國家互相複製技術和策略，有共同的經濟利益，尤其又擁有緊抓權力不放的堅決意志，在在都讓他們相信自己會獲勝。這種信念從何而來？為何能持續存在？民主世界最初是怎麼幫著鞏固它，現在又能怎麼擊潰它？這正是本書的主題。

第一章　貪婪的結合

一九六七年夏天，一群來自奧地利及西德的天然氣與鋼鐵業資本家，與一群蘇聯共產黨人會面，地點在維也納附近一處哈布斯堡王朝時期的狩獵小屋。當時的氣氛想必詭譎，因為距離蘇聯軍隊撤離奧地利才過了十二年，而且西德與東德的軍人仍在柏林隔著圍牆瞪視對方。雖然人們對於蘇聯隨時會入侵的恐懼漸漸消，但那只是因為大批美軍已進駐歐洲。

儘管如此，參加會談的各方是有共同利益的。蘇聯工程師才剛在西伯利亞西部發現廣大油田，而且已有新技術能讓天然氣更潔淨、更便宜、更容易運輸。用管線將天然氣從東歐共產國家輸送到西歐資本主義國家，對雙方都是絕佳的獲利途徑。這群人會談後同意再度會面，之後雙方在好幾座城市開會，主題從天然氣價格，到管線建設技術的借貸成本。一九七〇年二月，西德和蘇聯官員終於達成協議，將建造首條自蘇聯運送天然氣到西歐的管線。

在達成這項協議前，西歐及美國都只和蘇聯進行極小規模的經濟交流，僅涉及聖像、木材、穀物等不那麼複雜的商品，以及一些隱密的採礦協議。然而，從奧地利狩獵小屋的談判開始那一刻，所有參與者都知道這樁天然氣的交易截然不同。天然氣管的建設成本高昂，而且會長久存在，不可能建成後就拆除，也不可能因為某位領導人一時興起就決定存廢。要建設管線，必須有長期合約，這些合約必須存在於可預測的政治關係中。

對於時任西德外交部長布蘭特（Willy Brandt）而言，這些可預測關係正是這項計畫最吸引人的元素。他並不擔心西德會變得依賴蘇聯，反而敦促西德的談判代表擴大貿易規模。這麼做主要是出於政治理由：他相信只要建立了經濟上相互依賴的關係，未來就不可能發生軍事衝突。布蘭特當上總理後，將他的「東方政策」視為戰後德國外交政策的主要支柱。之後數十年間，這些天然氣管成為莫斯科與波昂之間的實體連接管線，最終還連接到柏林、羅馬、阿姆斯特丹、赫爾辛基及其他數十座歐洲城市。一九九一年之後，蘇聯解體，德國亦已統一，這些天然氣管仍然位居德國外交政策的重心。

這一路走來，德國的東方政策也成為一種變革理論，用於解釋民主國家可以如何和獨裁國家進行貿易，也用於解釋民主國家可以如何緩慢幽微地改變獨裁國家。布蘭特的長期顧問巴爾（Egon Bahr）在一九六三年一場知名演說中講述了這個概念，稱之為「以和睦促成變革」（*Wandel durch Annäherung*）。他認為，若西方能緩和對抗關係，與東德政權接觸，提供貿易機會而非抵制，那麼「邊界鬆動」或許可能實現。巴爾從未呼籲抵制或制裁東德，也很少提及政治犯的議題，儘管他知道東德有政治犯：西德經常付錢讓關押在東德監獄的異議人士獲釋，至一九八九年為止，總計為了這種罕見的人道交易支出逾三十億德國馬克。巴爾不會明白討論囚犯或人權，而是利用歷史學家賈頓艾許（Timothy Garton Ash）所謂的「情感模糊」來迴避這個話題。

並非所有人都如此確信天然氣管協議是正確之舉。美國總統尼克森始終認為，蘇聯與布蘭特及巴爾進行貿易及談判，其實是想「讓德國脫離北約」。卡特總統則認為促進人權應重於貿易，他非常不喜歡德國的東方政策，因此在一九七八年蘇聯拘禁了兩名異議人士金茲堡（Aleksandr Ginzburg）和夏朗斯基（Natan Sharansky）後，他禁止某些美國管線技術出口德國，結果時任德國總理施密特（Helmut Schmidt）還怒斥卡特是對俄國一無所知的「理想主義傳教士」。雷根政府動作更大，在一九八一年波蘭宣布戒嚴後，對部分天然氣管設備實施出口管制，讓美國企業無法參與建造德俄之間的天然氣管，也禁止參與該計畫的外國企業在美國營運，這些在當時都是非常激進的措施。

尼克森、卡特和雷根的動機沒有惡意，也不是為了商業利益，而是懷疑與獨裁政權進行貿易恐將引發政治後果。雖然和蘇聯簽訂協議的主要是德國，但蘇聯提供的天然氣惠及許多國家，整個歐陸可能都將依賴蘇聯的善意。這些天然氣管將來會不會淪為勒索工具？雷根政府的國防部長溫伯格（Caspar Weinberger）就曾示警，必須限制「蘇聯對西方的經濟影響力」。

在這些論戰背後，隱藏著一個更深層的道德與政治問題：與西方進行貿易往來，是否會強化蘇聯政府及蘇維埃帝國的力量？自俄國十月革命以來，顛覆歐洲民主國家就是克里姆林宮外交政策的明確目標。一九七〇至一九八〇年代，蘇聯支持西德和義大利的恐怖組織，援助歐陸和世界各地的極端主義運動，並打壓東德在內的東歐政治反對派。儘管如此，蘇聯的天然氣仍持續輸往西歐，西歐的強勢貨幣則持續向東流動，為莫斯科提供了資金。這些資金用於維持蘇聯紅軍運作，也就是北約要準備作戰的對象；這些資金也用於維持蘇聯國家安全委員會（KGB），正是西方安全部門必須抗衡的組織。如果天然氣管交易強化了莫斯科的實力，這真的是一件好事嗎？其中的隱性成本又是什麼？蘇聯解體前，美國和歐洲政策的這種矛盾之處從未真正解決，直到蘇聯解體後也依然存在。

＊＊＊

一九九〇年代，大多數人期望享受嶄新的和平紅利，閒暇時間只想談論電視節目，幾乎沒人提起任何隱性成本的問題。那是福山（Francis Fukuyama）發表〈歷史的終結？〉一文的時代。＊那篇文章被廣泛誤讀為「現在的世界就是最好的，一切都是最好的安排」這類天真論述。自由民主制必將勝出，遲早人人都會渴望這套制度，甚至毋須特別努力去推動；只要耐心等待，貿易和全球化帶來的良好影響就會發揮神奇效果。福山的實際論述精細得多，但廣為普及的是簡化版，因為人們希望這就是事實。

畢竟，「自由民主制是注定、甚至必然會實現」的這種想法，確實極具吸引力。它讓民主國家的居民自命不凡，因為他們已經生活在理想社會。正要開始擴大投資中國和後蘇聯國家的商界和金融界人士，也因為這種想法而自我感覺良好。以往投資於獨裁國家會面臨道德兩難，若這種兩難已不再存在，他們就不需再特別做什麼來合理化自己的行為。

大約在這個時期，巴爾那句「以和睦促成變革」逐漸演變為「以貿易促成變革」（*Wandel durch Handel*）。令人悅耳的押韻不僅讓這句話在德語中聽起來更美妙，也反映了現實。戰後西歐民主國家之間的貿易，在逐漸一體化的共同市場形態下，確實帶來了和平與繁榮。一九九〇年後，許多人曾希望貿易也能讓東歐變得富裕，並且在政治和文化層面與西歐更加接近。「以貿易促成變革」這句話之所以流行，不僅是因為它符合商界需要，也因為它符合一般人的實際經驗。

＊　一九八九年發表於《國家利益》雜誌。

人們太高估貿易的成效，太快就忘記那些曾促使歐洲重新團結的強硬政策。二〇一四年，德國慶祝柏林圍牆倒下二十五週年時，我參加了德國總理梅克爾（Angela Merkel）主持的正式慶祝活動，同樣出席的還有波蘭總統華勒沙（Lech Wałęsa）與蘇聯領導人戈巴契夫（Mikhail Gorbachev）——後者就像是某種冷戰勝利的紀念品。然而，實際藉由談判終結蘇聯、促成蘇維埃帝國解體的美國總統老布希（George H. W. Bush）卻幾乎未被提及。長達數十年間幫助西歐遏阻蘇聯進攻、從當年至今皆駐紮在德國的美軍亦未獲得太多重視。暴力、士兵、軍隊，以及最重要的核武，都從故事裡被刪去了。

德國人相信是貿易和外交促成了國家統一。他們也相信，貿易和外交最終還能幫助俄羅斯和歐洲的關係正常化。同一時期，許多美國人和歐洲人也出於類似的原因，開始相信貿易能讓中國融入民主世界，為太平洋地區帶來和諧。他們抱持希望是有理由的：當時中國內部陷入派系鬥爭，有些派系希望進行自由主義改革。學者葛維茲（Julian Gewirtz）最近寫過，那個時期的中國經濟學家和西方經濟學家有出奇廣泛的接觸，前者借鑑了後者對市場和貿易的分析，以及他們對經濟成長和政治文化之間關係的理解。一個更趨近自由主義的中國（即使不完全實行民主體制）似乎已觸手可及，許多中國百姓都可望享有。

當時竟有這麼多來自各政治光譜的西方分析家與領導人都直接認定，在各種可能發展中會出現最樂觀的結果，如今回顧起來實在不可思議。早在一九八四年，鄧小平實行改革開放幾年後，美國時任總統雷根就訪問中國，並在一場充滿明朗樂觀氣息的演說中宣稱：「擴大貿易商業機會與文化關係，對雙方都大有裨益。」他當時很確定自己看到了變革深化的跡象：「自由市場的精神一注入中國，就已讓中國經濟活躍了起來。我相信它也促進了中國百姓的福祉，開闢了通往更公正社會的道路。」

十幾年後，屬於另一個世代、擁有另一種政治說服力的美國總統柯林頓則宣稱：「相互依賴日益加深，將對中國產生自由化效應。電腦與網路、傳真機與影印機、數據機與衛星，都增加了中國與境外人物、思想和世界的接觸。」到了二〇〇〇年，柯林頓主張讓中國加入世界貿易組織時，這套論述更是根深蒂固。他在約翰霍普金斯大學高級國際研究學院向聽眾表示：「我認為，在經濟權與人權之間，以及在經濟安全和國家安全之間做出選擇是錯誤的。」這場演說的逐字稿記錄了觀眾反應：

如今，中國無疑正努力打壓網路。（輕笑）祝他們好運囉！（大笑）那簡直像把果凍釘在牆上。（大笑）

如今回頭看，柯林頓真是樂觀異常。他曾經認為：「在知識經濟中，無論是否願意，經濟創新和政治賦權都必然相輔相成。」這種樂觀想法當時也獲得廣泛認同。二〇〇八年，與柯林頓大致屬於同一世代的德國總理施洛德

（Gerhard Schröder）寫下一篇文章，題為〈為什麼我們需要北京〉，他讚許有跡象顯示「中國在實現憲政、公正社會的道路上已有進展，我確信有朝一日也會邁向民主社會」。他還呼籲德國「與中國進行可信賴且公平的對話，讓法治、自由的標準位居上風，當發展之路走到盡頭，民主體制將會勝出」。

並非沒有人抱持懷疑態度。一個由政治家和工會成員組成的廣泛聯盟就曾試圖阻止中國加入世貿組織，擔心西方國家的工人會受衝擊。其他人則懷疑，與中國建立關係後，那些預期中的目標是否真能實現。英國駐香港末代總督彭定康（Chris Patten）曾表示，英國以為中國富起來就會自動成為民主國家，根本是「妄想」。但在一九九〇年代關於中國和俄羅斯的所有討論中，大家多半只針對打開貿易邊界後西方市場可能遭受的經濟衝擊，卻幾乎無人提及西方民主國家會遭遇的政治衝擊。

所有人都假設，只要世界更開放且相互連結，民主和自由思想就會散播到那些獨裁國家。沒有人想過，獨裁和反自由主義會反過來蔓延到民主世界。

＊＊＊

獨裁不是一種遺傳特徵，而是一種政治制度，一種建構社會的方式，一種組織權力的手段。特定的文化、語言或宗教不必然會產生獨裁政體。沒有一個國家注定會永遠獨裁，但也沒有一個國家必然能維持民主。政治制度是會變化的。一九八〇年代末，在公眾對話與辯論激增的「開放政策」*期間，許多俄羅斯人都曾相信俄國可能改變。

更重要的是，當時有許多俄國人相信國家正處於歷史性的正向轉型邊緣，甚至可能轉向自由民主。蘇聯政府機關報《消息報》（*Izvestiya*）稱：「曾被掏空粉碎的民主與自由主義思想，如今開始捲土重來。」物理學家暨異議人士沙卡洛夫（Andrei Sakharov）當時說，蘇維埃社會將在新的道德基礎上「再生」，相信可以永久驅除「腐敗的謊言，沉默和虛偽」。不只是菁英人士這麼想，一九八九年在蘇聯各地進行的民調顯示，民眾對獨裁統治並無發自內心的渴望。反之，有十分之九的人表示，公民「自由表達意見」很重要，而且他們身體力行。一九八〇年代末，蘇聯百姓對每件事都爭論不休。我還記得，在各地公園都會有一群群民眾聚在一起討論爭辯。人人都覺得好像有什麼重大事件正要發生，有些人則相信好事即將來臨。

一九九一年蘇聯解體後，「以貿易促成變革」這句話在俄羅斯也開始受到關注。改革派相信，盡快與外部世界進行深入接觸，有助於破除效能不彰的老舊中央計畫體制，建立嶄新的政治和經濟秩序。提倡「休克療法」政策的俄羅斯經濟學家蓋達爾（Yegor Gaidar）也說：「我非常確信我們會成功，非常確信別無他法，也非常確信拖延治療對國家來說無異於自殺。」但其他人卻有不同的盤算。

* 譯註：開放政策（glasnost）是由促成蘇聯解體的領導人戈巴契夫提出的政治改革口號，主要是增加國家治理的透明度，讓民眾參與討論，打破以往由少數政府官員控制經濟的局面。

普丁就是其一。在一段一九九二年二月攝製的紀錄短片中，時任聖彼得堡副市長的普丁也曾宣稱支持小型企業：「創業家階層應該成為社會整體繁榮的基礎。」他看似真心懷抱信念，鼓勵西方合作夥伴投資俄羅斯工業。數十年後，該紀錄片導演沙德罕（Igor Shadkhan）向記者凱瑟琳（Catherine Belton）表示，普丁當時「真的讓我成為他的支持者」。沙德罕認為，普丁當時看起來就像是「會推動國家前進、會真正有所作為」的人。

普丁當上總統後，確實推動國家走上新方向。他和自由派經濟學家一樣，想改革蘇聯式經濟體制，希望俄國富裕起來。但他仍然懷念蘇維埃帝國，認為蘇聯崩潰是一場「地緣政治災難」，因此根本不願意讓蘇聯社會以新的道德面貌重生。最早詳細描述普丁政治計畫的作家凱倫（Karen Dawisha）就觀察到，很多人都誤以為一九九〇年代的俄羅斯是「一個初生且不完備的民主體制，被歷史，被意外的獨裁者、人民慣性、官僚無能或西方的不當建議給拖垮」。但凱倫卻認為那十年實際發生的完全是另一個故事：「普丁和他的人馬從一開始就想建立獨裁政權，由緊密團結的朋黨統治。民主只是他們的矯飾，不是真正要實行的方向。」

到了二十一世紀頭十年中期，俄羅斯不再是超級大國，但仍極具影響力，因為它成為了許多現代獨裁政權的仿效來源與啟發力量，帶來的影響遠大於當時許多人所知。普丁治下的俄羅斯並不是孤立而經濟封閉的傳統極權國家，也不是完全依賴外國捐款的貧窮獨裁政權。反之，它代表的意義前所未見：一個徹頭徹尾的盜賊統治獨裁國家，一個完全為了讓領導人致富而打造及治理的黑幫國家。

這項政治計畫的開端遠比大多數人所知要早，它的構想最初應該是在KGB位於德國德勒斯登的支部萌生。普丁一九八〇年代派駐於此，KGB和東德國家安全機構史塔西的團隊也已在此打造間諜網絡，設立安全屋和祕密銀行帳戶。他們不是唯一構思這些政治計畫的人：俄羅斯的「資本主義」自始就是為了支持所謂「圈內人」而設計，這些人深諳如何把錢抽走並藏匿海外。俄羅斯從來不曾創造「公平的競爭環境」，也從未產生競爭性市場。沒有人會因為製作更好的捕鼠器而致富。成功者之所以能成功，都是因為擁有國家賜予（或從國家竊取）的優勢。這類寡頭是這套體制的真正受益者，能致富皆是仰賴政界人脈。

到了一九九二年，也就是普丁接受沙德罕專訪的那年，這位未來的俄羅斯總統已在執行一套竊取聖彼得堡市資金的不法陰謀，而他自己可能是該陰謀的主要受益者。他當時的詐欺手法，如今已被多番調查與記述——最初是在俄羅斯境內，由聖彼得堡市議會展開調查；在俄羅斯境外則有學者凱倫、記者凱瑟琳、記者瑪莎（Masha Gessen）等人調查——情節相對簡單直接：普丁擔任副市長期間，簽發了多張柴油、水泥和化肥等原料的出口許可證。這些原料在俄國是以較低的國定價格購入，原本打算以較高價格出售到國外，利潤用於購買糧食。結果那些貨物確實都售出，但貨款卻消失了，被轉入多家不起眼公司的銀行帳戶。這些公司都在普丁的朋友或同僚名下。

更複雜的欺盜陰謀很快就接著出現，涉及了俄羅斯房地產、幾家西班牙空殼公司、幾家俄羅斯與芬蘭合資企業、幾名德國中間人，以及多個不同國家銀行的帳戶，包括多年前開立的帳戶。這些投資及不法陰謀皆如同聖彼得堡糧食欺詐案一樣，之前都被報導過，但報導角度大多是強調俄國的參與和其受害者。我想提醒大家注意一個在普丁相關原始報導中很少提及的面向：部分合法的西方機構、企業、律師和政客所扮演的角色。他們若非為普丁的陰謀提供支持，就是從中獲利或提供掩護。普丁身為聖彼得堡副市長能致富，都要歸功於購買那些出口產品的西方公司、對不當合約置若罔聞的西方監管機構，以及對自家帳戶湧入大量現金而罕見缺乏好奇心的西方銀行。

同樣的情況也出現在另一樁知名的不法計謀。那樁計謀同樣可追溯到一九九二年，那年普丁和一群俄羅斯、德國和列支敦斯登的同僚與同夥在德國法蘭克福註冊了「聖彼得堡房地產控股公司」(St. Petersburg Real Estate Holding Company)。一九九八年，該公司在法蘭克福證券交易所上市，普丁名列顧問委員會成員。一九九九年，德國聯邦情報局發布報告，指控該公司洗錢，包括洗白羅斯資金及國際販毒資金。二〇〇〇年，普丁就任俄羅斯總統後不久，列支敦斯登警方逮捕了普丁最初的同夥之一里特（Rudolf Ritter）。但調查的腳步似乎在此時慢了下來，直到二〇〇三年，警方才終於突襲搜查與「聖彼得堡房地產控股公司」往來的二十七間辦公室與銀行。普丁本人從未遭起訴。

來自西方的配合在這個故事裡自始至終都極為重要。洗錢活動需要許多人的參與，包括里特（他恰好是列支敦斯登經濟部長的手足）、德國和列支敦斯登的其他同夥，以及他們的律師和會計師；也包括法蘭克福證交所的官員，甚至還包括德國總理施洛德——也就是堅信貿易會為中國帶來政治變革的那位。施洛德據稱（儘管他後來否認）不斷向普丁通報最新的調查進度，以和平、繁榮、「以貿易促成變革」為理由。

這套最終成為「普丁主義」的俄羅斯政治體系，是結合了兩大領域的產物：一方面是蘇聯KGB的背景，KGB因資助恐怖分子和潛伏特務多年，長久以來精通洗錢；另一領域則是同樣充滿犬儒主義、缺乏道德的國際金融體系。即便西方政治領袖還在對俄羅斯的「民主」和「法治」發表意見，西方企業和金融機構已在助紂為虐，協助建立目無法紀的獨裁國家，而且不僅是在俄羅斯。在英國將香港交還中國前，英國及其他國家的某些商人並不熱衷於這個殖民地的民主改革，因為他們希望和新政權打好關係。彭定康曾撰文寫過，就連某些英國公務員也有同樣想法。普丁當上總統時，他已非常清楚西方民主國家的雙重標準，這些國家一方面在國內宣揚自由主義的價值觀，另一方面卻很樂意在國外協助建立非自由主義政權。他上任後頭十年也如法炮製，打著民主口號，建立的政權到後來卻是獨裁體制。他在二〇〇〇年向全國演說時，宣稱「只有民主國家才能確保個人利益與社會利益達成平衡，將私營部門的計畫與國家目標結合」。二〇〇二年，他還宣稱一個民主國家必須擁有「法治與自由選舉，且崇尚人權至上」。

儘管俄羅斯的體制設計得看起來像是民主國家，或至少像到足以愚弄外國投資者，但俄羅斯歷來的選舉從未出現意料之外的勝選者，因為根本沒有意料之外的候選人。當局小心翼翼維持著看似有選擇的表象，讓選票上出現已獲得當局許可的反對派，但這些反對派候選人從不挑戰現狀。在此同時，真正反對克里姆林宮的人士則在示威活動中被毆打，被監禁、騷擾和侮辱。二〇一三年，納瓦尼（Alexei Navalny）獲准競選莫斯科市長（他後來成為批評普丁最力的反對派領袖），讓那場選舉得以披上正當性的外衣。但納瓦尼吸引了太多民眾支持，導致他在那次競選期間因捏造的貪腐指控而被定罪，之後迅即遭當局軟禁。

俄羅斯的資本主義也運用類似手法。銀行看起來像銀行，但實際上不是銀行，而是一如既往地從事洗錢活動。企業看起來像企業，但可能只是門面，是超級富豪悄悄從國家吸取資產的工具。對真正的企業來說，市場運作備受限制：只要克里姆林宮決定毀掉一家企業，它就可以毀掉一家企業，而且也真的有企業因此遭毀。二〇〇四年，尤科斯（Yukos）石油公司董事長、時為俄羅斯首富的霍多科夫斯基（Mikhail Khodorkovsky）被捕，遭判刑入獄，往後十年都在勞改營度過。尤科斯石油公司就此破產，在拍賣會上賣給一名此前無人知曉的買家，這名買家的公司地址，居然與莫斯科西北方特維爾市（Tver）一家手機商店相同。幾天後，這家神祕公司便將尤科斯公司出售給俄羅斯政府握有多數股權的俄羅斯石油公司（Rosneft），該公司的執行長正是普丁的副幕僚長。

俄羅斯石油公司隨後在適當時機於倫敦證交所上市，受到幾家金融界極負盛名的企業支持。由於俄羅斯石油公司的八百億美元市值中，近四分之三是來自竊得的資產，因此荷蘭銀行羅斯柴爾德公司（ABN AMRO Rothschild）、德勒斯登銀行（Dresdner Kleinwort Wasserstein）、摩根大通（JP Morgan）、摩根士丹利（Morgan Stanley）等投資銀行當時都必須明確交代情況；俄羅斯石油公司聘請的年利達律師事務所（Linklaters）與安永會計師事務所（Ernst & Young）亦然。公開說明書指出，「犯罪和腐敗可能導致俄羅斯的經商環境艱困。」為防範外界對誰持有該公司存疑，公開說明書聲稱，該公司的多數股分將繼續由政府官員控制，這些人的「利益可能與其他股東的利益不相符，並可能導致俄羅斯石油公司從事無法最大化股東價值的商業活動」。儘管如此，據稱這幾家公司依舊從這次公開發行獲利逾一億美元。

該警告的都警告了，倫敦股市投資人還是搶著買下俄羅斯石油公司的股票。公開發行後不久，八大工業國組織（由七個最富有民主國家組成的七大工業國組織加上俄羅斯）聚集在聖彼得堡市郊一座經過奢華翻修的沙皇宮殿裡，東道主是普丁。在那次峰會期間的記者會上，普丁宣稱他的一切努力都是為了「鞏固俄羅斯聯邦的民主化和建立市場經濟的進程，同時也是為了創造出讓俄羅斯人民能自由選擇的必要條件」。

當然，普丁知道自己說的不是真話。可想而知，聽眾裡的記者也知道這不是真話，峰會上其他總統和總理應該也都知道這不是真話。然而幾乎沒人提出異議，而許多民主世界的居民都因為接受了這套謊言而獲利。

二〇一〇年，俄亥俄州華倫市（Warren）一家鋼鐵廠開始狀況頻頻（華倫是一座位在鐵鏽帶的城鎮，後來在兩次總統大選中投給川普）。先是有冷卻設備開始洩漏，而熔爐操作員未及時發現，導致冷卻水落入鋼液引發爆炸，多名工人因灼傷等傷害而送醫。一年後又發生了一次爆炸，造成另一波損害。聯邦監管機構進行調查後，發現該工廠的安全措施多達數十項違規。一名員工說：「他們一直在投機取巧，以極少人員編制運作，不願僱用更多人手。」幾年後，該工廠停止營運，並於二〇一六年一月永久關閉，大約兩百人因此失業。

《美國的盜賊統治》（*American Kleptocracy*）一書作者米歇爾（Casey Michel）在二〇二一年如此描述華倫鋼鐵廠：

> 巨大的裂洞貫穿外牆，黃色與藍色油漆剝落，大片鐵鏽與泥巴裸露在

外。閒置的空地、破損的窗戶、充滿歲月痕跡的櫃子、凌亂的辦公室(不確定是被人洗劫過或遭前員工破壞)充斥整座廠房。這座工廠有如出自反烏托邦的未來,甚至像是來自前蘇聯某些地區的產物。

米歇爾的措詞很適切,因為這家工廠確實就是「來自前蘇聯某些地區的產物」。華倫鋼鐵解散時的持有人是烏克蘭寡頭柯洛莫伊斯基(Igor Kolomoisky),他是在烏克蘭像其他許多前蘇聯國家一樣追隨俄羅斯實行獨裁與盜賊統治的時期致富。美國司法部指出,柯洛莫伊斯基買下了華倫鋼鐵廠及美國中西部其他多處地產,價值共計數億美元,這都是與詐欺烏克蘭零售銀行 PrivatBank 相關的洗錢活動。這個寡頭可能必須將非法取得的現金轉化為「實體」地產,以隱藏其來源(也或許是當作抵押品以取得合法貸款)。柯洛莫伊斯基大概也認為美國鐵鏽帶的城鎮和工廠都太需要現金,因此會忽略他的資金來源。

他很可能是對的。不同於銀行家或其他商人，美國的房地產經紀人數十年來都未被要求檢視客戶的資金來源。在美國和許多歐洲國家，長久以來都可以透過空殼公司匿名購買房產。舉一個相關例子：在川普擁有或川普品牌的住宅建案中，多達五分之一的屋主都是匿名持有。這些神祕的持有人或許不全是從事洗錢活動，但如果他們確為洗錢者，我們也絕對無從得知。據了解，至少十三名已證實或涉嫌與俄國黑幫有關的人擁有川普品牌的房產，或在這些房產內經商。即使是川普擔任美國總統時，由匿名人士持有的公司仍在購買川普品牌大樓內的房產；這是不是某種形式的政治獻金，我們永遠無從得知。

柯洛莫伊斯基自二〇〇六至二〇一六年間，進行了長達十年的瘋狂收購。他旗下的公司收購了六家鋼鐵廠、四棟辦公大樓、俄亥俄州克里夫蘭的一家旅館和會議中心、德州達拉斯一處辦公園區與附近一間已封存的摩托羅拉（Motorola）工廠。但在這些房地產裡生活或工作的人，幾乎沒有人知道他是誰，也不知道購買這些地產的資金其實來自PrivatBank，因為這些資金是經由在賽普勒斯、英屬維京群島和美國德拉瓦州註冊的空殼公司進入美國中西部，中間還有德意志銀行美國分行的協助，沿著和俄羅斯、哈薩克、亞塞拜然、中國、安哥拉或委內瑞拉資金相同的路線，自盜賊統治的獨裁國家流出，然後進入北美和歐洲的市場與金融機構。柯洛莫伊斯基始終否認有任何不法行為（而且仍在烏克蘭和歐洲法庭打官司反對將PrivatBank國有化），在克里夫蘭也依然沒什麼人聽說過他。

事實上，他的不法計謀並未被任何美國調查人員破獲，而是在二〇一四年烏克蘭親歐盟示威運動中被揭發（烏克蘭親俄總統亞努科維奇也是因為這場街頭抗爭而逃往國外）。當時示威者聚集在基輔市中心廣場要求實行民主，也要求終結蔓延全國的嚴重腐敗。之後的兩位烏克蘭總統波洛申科（Petro Poroshenko）和澤倫斯基（Volodymyr Zelensky）都試圖讓烏克蘭走上與過去不同的道路，他們採取的行動就包括調查PrivatBank。他們的努力廣受關注，也遭遇合理的批評，但在此同時，涉入柯洛莫伊斯基在美投機事業的美國人卻從未被究責。

在美國人譴責俄羅斯、烏克蘭或後蘇聯國家的腐敗時，他們很少想到自己的同胞也曾經或仍然在助長這些腐敗行為。來自邁阿密的蕭榭特（Chaim Schochet）二十三歲就開始代表柯洛莫伊斯基購買克利夫蘭的房地產，另一名邁阿密商人柯夫（Mordechai Korf）則是奧普瑪專業鋼鐵公司（Optima Specialty Steel）執行長，該公司持有的美國工廠產權是以柯洛莫伊斯基的資金購入。柯夫和蕭榭特都僱用美國律師卡索維茲（Marc Kasowitz），後者也曾代表川普，協助他應對與俄羅斯關係的調查及其他法律案件。卡索維茲代表柯夫和蕭榭特，宣稱他們對柯洛莫伊斯基的不當行為毫不知情。

柯夫和蕭榭特被指稱的不法計謀直到多年後才被揭露。遭揭發的部分原因是，在那些買房只為了好好管理並賺取價差的人看來，他們投資那些房地產根本不合常理。兩人的計謀，就像川普品牌售屋給神祕客戶的交易一樣，只在國際盜賊統治的隱祕世界裡才合理。那是一個平行宇宙，其中的規則與一般經濟規則截然不同，觀察家還為此發明了特殊名詞。英國記者布洛（Oliver Bullough）將這個宇宙命名為「金錢樂園」（Moneyland），這是他二〇一九年出版的書名。* 英國《金融時報》調查記者伯吉斯（Tom Burgis）則稱之為「盜竊烏托邦」（Kleptopia），這是他二〇二〇年出版的著作名稱。他們與其他有識之士一再指出，這個由獨裁世界和國際金融圈聯手打造的獨立領域範圍廣大，而且非常富有。在英國澤西島和開曼群島等離岸避稅天堂註冊的匿名空殼公司與基金，藏有的財富可能占全球國內生產毛額的百分之十。這些錢可能是經由販毒活動賺取、向稅務機關瞞報，或者以柯洛莫伊斯基的案例來說，就是從烏克蘭百姓那裡魚肉而來。那是個偷竊會獲得獎賞的世界，不必繳稅，執法部門的能力與經費欠缺，還可以繞開監管措施。

全世界民主國家的大多數公民都隱約意識到這個平行宇宙的存在，但他們想像它存在於遙遠的國度或異國的熱帶島嶼上。他們錯了。二〇二一年十月，國際調查記者聯盟（ICIJ，一個匯集世界各地報刊媒體的非營利組織）發布了《潘朵拉文件》（Pandora Papers）的摘錄內容，這批文件詳細介紹了避稅天堂的運作，以及在其中存放資金的人。這些紀錄清楚顯示有大量祕密金融交易不僅經過加勒比海地區，還經過美國和英國本土。好比奈及利亞富豪祕密持有的英國房地產，價值高達三點五億英鎊；或是約旦國王也合法利用空殼公司，在倫敦和英格蘭雅士谷鎮購入房屋。國際調查記者聯盟的調查首次以簡明易懂的方式，公開了德拉瓦州、內華達州、南達科他州、懷俄明州（都是良好的美國一般州分，住著良好的美國一般百姓）如何建立了匿名投資者可以用來藏匿財富的金融工具。

這些匿名投資者通常會搬到非常不起眼的地方，沒人會發現。二〇一六年，我到英格蘭漢普郡布拉姆利鎮去拜訪友人，那是一處鄉村，有一家小

* 譯註：臺版中譯本名為《誰偷走了我們的財富？》。

酒館、一座中世紀教堂，也有綠色草坪和一座鄉間莊園。這座莊園名為「博雷派爾公園」(Beaurepaire Park)，當時剛由莫斯科前市長盧日科夫（Yuri Luzhkov）的妻子艾蓮娜（Elena Baturina）買下。我得知這位俄羅斯唯一的女性億萬富豪決定親身體驗英國鄉村生活後，深感好奇，於是到英國土地登記處去查閱這處地產的資料。雖然購入價格高達五百五十萬英鎊（約七百九十萬美元），但我沒有查到任何俄國名字。莊園的所有權人是「天霧控股有限公司」(Skymist Holdings Limited)，莊園的大規模翻修費用也是由這家名不見經傳的公司支付。要不是我剛好知道有人在小酒館裡看到那位莫斯科前市長本人（還有，要不是我在《華盛頓郵報》提到這樁房地產交易後，他的律師寄來一封恐嚇信），我可能永遠無法確定天霧控股是要為誰遮掩身分。

對於英國小村莊與美國衰敗的工廠城鎮居民來說，他們同樣很難了解，這些新客戶、新鄰居或新房東將資金轉移到他們的社區，原因也可能是這些人和實行壓迫與政治暴力的國家有所關聯。為了維持政權，現代獨裁者必須能夠隱藏自己吸取的錢財，不能受到那些鼓勵透明度、問責制或公開辯論的政治體制干擾。他們隱藏的這些財富，可以反過來幫助他們強化壓迫手段。這就是普丁如此痛恨烏克蘭民主運動、對二〇一四年烏克蘭革命如此憤怒的原因：如果類似的民主運動在俄羅斯取得政權，頭一個要琅璫入獄的人肯定是他。（另一個原因則是他心中狂熱的歷史大夢。）

盜賊統治和獨裁統治攜手並進，它們相互拉抬，進而破壞接觸到的其他政治體制。英國薩塞克斯或漢普郡的房地產經紀人不會問太多問題，華倫市的工廠主人急於擺脫手中瀕臨破產的企業，美國南達科他州蘇瀑市的銀行家樂於受理神祕客戶的神祕存款——這一切都在侵蝕他們自己國家的法治，也在侵蝕全世界的法治。金融全球化加上大量可以藏匿財富的地方，以及民主國家對外國貪腐的寬忍包容，如今已為獨裁者提供了二十年前都還難以想像的機會。

第二章　盜賊統治正在擴散

查維茲（Hugo Chávez）一九九八年在一場激烈的變革運動後成為委內瑞拉總統。他上任後就想修改憲法，甚至更改國名。當時的委內瑞拉共和國（第四共和）已成立四十年，曾是南美洲最富有的國家，也曾是最強大的民主政體之一。但委內瑞拉與許多石油國家一樣，裙帶關係與貪腐現象橫行，只是手段都很老派：政客時常收到賄賂，也時常將政府交易授予行賄的友人作為回饋。一九九〇年代油價下跌時，這些腐敗行徑引起人民滿腔憤懣。一九九二年，陸軍中校查維茲體認到民怨沖天，乘機發動政變，但未成功。他出獄後，打著反對「委內瑞拉共和國」貪腐的旗號贏得總統大選，矢言要建立作風廉潔的「委內瑞拉玻利瓦共和國」（第五共和）。*

一年後的某一天，這位當時仍被視為改革旗手的委內瑞拉新總統會見了國內警察首長烏達內塔（Jesús Urdaneta）。他們在就讀軍校的青年時期就已相識，而且共同策畫了一九九二年的政變；政變失敗後，還一起被監禁。

烏達內塔當時被視為查維茲的人馬。他來見查維茲是因為握有證據，發現這個號稱會帶來變革的新政府也開始墮落，出現腐敗行徑。他告訴總統，有幾名高官在政府合約中浮報發票金額，就連查維茲提案的新憲法印刷合約亦然。烏達內塔多年後表示，當時他敦促查維茲出手終結這些貪腐行徑，否則腐敗必將逐漸蔓延。

查維茲聽了之後不置一詞，幾週後卻突然要求烏達內塔辭職，委內瑞拉最高法院也撤銷所有貪腐案調查。烏達內塔的預測無誤，統治菁英確實讀到了這樣的信號：只要表忠，就可以恣意偷盜。

查維茲和普丁一樣做出了選擇。沒人強迫他把委內瑞拉變成一個盜賊統治國家，就連他任命的情報首長也對他的行徑驚訝不已。他也不是因為受到文化、歷史或任何前例的影響而被迫採行盜賊統治。反之，如果他和烏達內塔站在同一陣線，建立整個公職部門對廉潔正直的共同期許，或許能增加他的支持度；他的政權或許更有機會真正改善人民的生活，這是他曾經宣稱想達成的目標。然而他卻像普丁一樣，內心盤算著全然不同的政治計謀，目的不是讓國家繁榮，而是讓自己永久掌權。他推斷，調教出貪官比調教出清官更容易，而他是對的。

之後多年間，查維茲極力廢除一切形式的問責制和透明度，他的親信對此全力支持，因為這麼做有助於他們維持權力，也能讓他們自己的行徑不被

---

* 譯註：玻利瓦（Simon Bolivar, 1783-1830）是拉丁美洲的政治家與軍事家，生於今天的委內瑞拉卡拉卡斯，曾領導當今的哥倫比亞、委內瑞拉、祕魯、厄瓜多、巴拿馬、玻利維亞等國脫離西班牙帝國獨立，有「南美解放者」之稱。玻利維亞、查維茲改名後的「委內瑞拉玻利瓦共和國」都是以他的名字命名。

檢視。查維茲和普丁一樣，逐漸摧毀了委內瑞拉的民主體制（從新聞界、法院、公務員體系到各種監察員），嘴上卻還在宣稱信仰民主，而他的支持者也繼續追隨。漸漸地，整個政府的行事作風變得像是犯罪集團，像是一隻不斷剝奪宿主資源的寄生蟲。公務員全都是共犯，實行集體保持沉默的原則；因為人人都犯法，所以沒有人想談論。

對於涉入其中的公務員來說，這些天上掉下來的橫財實在太可觀。查維茲掌權的十四年間，委內瑞拉出口石油的收益接近八千億美元。其中大部分確實成為國家福利計畫的財源，這些福利計畫讓外國的崇拜者將查維茲視為進步派英雄。但這段時間內，也有數千億美元從委內瑞拉國家石油公司與其他國營企業流入世界各地的銀行帳戶。二〇一七年，調查人員發現委內瑞拉國家石油公司高層將盜取的數億美元藏匿在葡萄牙聖靈銀行（Banco Espirito Santo）。二〇二一年的一項調查顯示，瑞士多家銀行為委內瑞拉各家國營銀行、電力公司與其他法人的官員藏匿了一百億美元。同年，媒體也揭露了一椿二十億美元的委內瑞拉石油公司詐欺案，是經由安道爾公國的銀行進行。其他揭發不了的計謀，應該都是透過避稅天堂進行。監督貪腐行為的非營利組織「委內瑞拉透明組織」已記錄了一百二十七樁與委內瑞拉國家石油公司相關的大規模貪腐案，據信金額逾十億美元的案件達十七起。

從石油業偷盜公款並非政權圈內人唯一的非法收入來源。更重要的來源是另一種前所未見的貪腐形式：貨幣兌換操縱產業。這個產業是從委內瑞拉錯綜複雜的多重貨幣價格體系產生的。起初，這種牟利的機會人人可享：留學海外的委內瑞拉年輕人可以申請一定額度較便宜的美元，用於支付留學費用。成千上萬的中產階級子女很快就學會如何利用這個制度。於是有一段時間，愛爾蘭都柏林與周邊地區的英語語言學校曾有大批委內瑞拉留學生。他們在那裡喝著健力士（Guinness）黑啤酒，學幾句英語，然後竭盡所能藉由人工操縱匯率來獲利。

另外有些人則根本沒有出國，只須付錢給無良學校，校方會出具證明他們曾出國留學的文件。他們藉此取得的低價美元可以在黑市兌換成委內瑞拉貨幣玻利瓦幣，而且換到的玻利瓦幣遠多於當初買入美元的成本，這些學生如此就能獲利數千美元。記者托羅（Francisco Toro）將這種大規模參與詐欺的行為稱為「盜賊統治民主化」，儘管委內瑞拉當然還有犯行更嚴重的詐欺者。真正人脈廣泛的那些詐欺者則想出辦法，藉由進口零件、醫療用品、電信設備、化學品、電腦等各種貨物得手數億美元。在委內瑞拉，只要有貨物進口，就會有人偽造文件紀錄並私下賄賂，藉此取得低價買外幣的管道。

沒有人確知委內瑞拉究竟因此損失多少公帑。二〇二〇年在首都卡拉卡斯，我坐在一個房間裡，所有人都在爭論這個政權究竟偷了多少錢（兩千億美元？六千億美元？）這也是莫斯科市民會玩的室內遊戲。曾在查維茲政府擔任經濟暨財政部長的馬克思主義經濟學家喬爾達尼（Jorge Giordani）估計，至查維茲去世的二〇一三年為止，被偷盜的金額可能高達三千億美元。如此龐大的損失明白展現在卡拉卡斯的市容上。這座委內瑞拉的首都周圍坐落著多棟完全空置的全新住宅大廈。根據報導，這些大樓都是為了洗錢而建造。無處存放違法現金的人，把錢存在玻璃和混凝土裡，期待有朝一日房地產價格會回升。這些貪腐行徑對市容的影響不僅限於卡拉卡斯：邁阿密一間法院起訴了委內瑞拉一群公務員，指他們共將十二億美元洗到佛州等地的房地產與其他資產中。全球多地的執法機構都參與了這類案件的調查。

委內瑞拉政府不僅長期向執法機構隱瞞這些騙局，也向輿論隱瞞。查維茲效法普丁「成功讓世界以為他信仰民主」的手法，讓國內國外都以為他的「玻利瓦革命」有利於黎民百姓，尤能惠及窮人。他吸引了眾多名流與崇拜者，特別是歐洲的極左派人士。早在二〇〇七年，東德共產政權末代總理莫德洛（Hans Modrow）就告訴我，查維茲的「玻利瓦社會主義」代表著他最大的期望：莫德洛當時以為，導致東德垮臺的馬克思主義思想有可能成功實行，讓拉丁美洲發達起來。英國工黨極左翼領袖柯賓（Jeremy Corbyn）也誇耀過他和查維茲的數次會面，還說查維茲政權「激勵了我們所有人起身反抗撙節政策與新自由主義經濟」。

這些崇拜者被查維茲的反美主義、新馬克思主義和浮誇賣弄的強人民粹主義形象吸引，這些形象都是政治宣傳塑造出來的。某些崇拜者也許並不清楚查維茲政府的腐敗，但即使知道，他們也不在乎。他們忽略那些貪腐行徑，也認為沒什麼大不了，至少在它導致國家經濟崩潰之前都不重要。

委內瑞拉的經濟衰敗始於石油業。石油業首次遭遇打擊是在二〇〇二至二〇〇三年，當時查維茲解僱了一萬九千名石油業罷工工人，任用效忠於他的人馬取代專業人士，讓整個產業陷入亂局。不久後，原油價格大跌；接著川普政府又制裁了委內瑞拉國家石油公司，加速其崩潰。大約在同一時期，由於匯兌詐欺問題叢生，各種物資都開始嚴重短缺。數十億（也可能有數百億）的國有資金盡皆蒸發，外匯都遁入私人離岸帳戶中，惡性通膨加速，進口商品從市面消失。

即便後來進口商品再次出現，也只有少數人買得到。二〇二〇年我在卡拉卡斯看到只接受強勢貨幣的商店，持有美元的民眾可以在這裡買到Cheerios早餐穀片或Heinz番茄醬，但手中沒有美元的人民卻面臨吃不飽和營養不良，甚至陷入危及性命的嚴重飢餓狀態。根據天主教慈善機構「國際明愛」（Caritas）二〇一九年的估計，委內瑞拉民眾有百分之七十八吃得比以前少，百分之四十一的人整天都沒東西可吃。委內瑞拉各醫院的醫生都遭到施壓，上級要求他們勿將營養不良列為病因或死因。知名的糧食保障專家蘇珊娜（Susana Raffalli）告訴我，她在一家醫院經歷了令她大受衝擊的一幕：一對父母在自己的孩童餓死後想把遺體交給她，因為他們擔心州政府官員會搶走孩子的遺體並藏匿起來。蘇珊娜也造訪了一處鄉村，當地的孩子們會在中午離開學校，去抓鳥或鬣蜥來烹煮當作午餐。

事實證明，貪腐並非實施「玻利瓦革命」的輕微副作用而已。在獨裁統治取代民主以後，貪腐就是統治的核心，委內瑞拉人民都很清楚。正因如此，二〇一三年查維茲去世、馬杜洛接任總統後的幾個月間，委內瑞拉各地才會接連發生多起激烈示威。當時的氣氛是，這個政權應該會就此終結，許多人也都這麼以為，結果卻不然，因為「獨裁者聯盟」就是會在這種時刻出手相助。

在國際制裁之下，一個流氓政權要如何存續？販毒、非法採礦、勒索、綁架、汽油走私這類新的資金來源很有用。委內瑞拉菁英階層的不同成員、在不同時期都嘗試過這一切非法手段。多名軍方將領、前部長與安全部門官員都曾被懷疑走私古柯鹼，也有人確實被定罪。哥倫比亞與委內瑞拉之間的邊境，如今遍布遭非法開採且未受監管的金礦。從機場到卡拉卡斯市中心的那段公路，迄今仍公認是綁架橫行的區域。我造訪時，朋友都建議我在白天飛抵當地。

不過，獨裁者聯盟的成員還有其他選擇。他們在其他受制裁的國家當中，都能找到朋友和貿易夥伴，這些企業不僅對政府貪腐不以為意，還樂於助長貪腐，並親自參與其中。當北美、南美和歐洲的企業開始撤出委內瑞拉，憂心局勢不穩定與風險升高的時候，俄羅斯有多家企業進入委國市場取而代之，有些企業是主動這麼做，也有些是代表俄國政府。俄羅斯石油公司、俄羅斯天然氣工業公司（Gazprom）、盧克石油公司（Lukoil）和俄英合資的石油公司TNK-BP都投資於委內瑞拉的石油業、農業乃至於製造業。獲得政府補貼的俄羅斯穀物增量出口到委內瑞拉，取代了先前來自美國和加拿大的穀物。來自俄國的汽油成為委內瑞拉市面唯一能買到的汽油。價值約四十億美元的武器和軍備也找到管道運抵卡拉卡斯，其中包括十萬枝ＡＫ自動步槍、二十四架戰機與五十架直升機。

由於國際機構對於貸款給委內瑞拉漸趨戒慎，於是中國出面取而代之。當時中國是無條件放貸，並未要求委內瑞拉實施經濟或其他方面的改革作為交換。查維茲和繼任者馬杜洛因此得以拖延一切財政上的清算重組措施，繼續實施那些最終會摧毀國家經濟的政策。到了二〇一三年與二〇一四年，中方終於意識到，委內瑞拉恐怕永遠償還不了三百億美元的貸款；而中國融資支持的一條造價驚人的高速鐵路也永遠不會完工（這條高鐵原本將穿越人口稀少的委國南部平原）。委內瑞拉的承包商簽約後就捲款潛逃了。

這種貪腐手法顯然連中國投資人也沒見過，於是他們開始要求改變政策。一些中國官員終於意識到政府治理有多重要，他們甚至曾與委國的反對派祕密對話。但中方並未因為這些憂慮就停止向委內瑞拉出售監控科技、群眾控制設備和防暴裝備，還有水砲、催淚瓦斯槍，以及可以阻止民眾加入示威人群的巨型活動牆——這些都是有助於防止反對派奪權的工具。

古巴也和中國一樣，因為經濟和意識形態原因而支持委內瑞拉。自查維茲就任總統以來，兩國就因共同的反美目標而連結。委內瑞拉將經過補貼的本國石油供應給古巴；古巴政府的回饋則是向委內瑞拉提供軍人、警察、維安與情報專家（有些是要取代查維茲不信任的那些人），還有體育教練、醫生和護理師。古巴間諜也協助委國政府打壓軍中不時爆出的異議聲浪（軍人家屬也會受到糧食短缺和各種民怨的影響），古巴還教委國政府怎麼利用糧食短缺：將糧食配給發給支持者，反對者則受到懲罰，禁止領取配給。古巴已經學到，饑饉與營養不良也可以當成政治手段。

相較之下，委內瑞拉和土耳其交好似乎就不是源於意識形態，而是因為土耳其總統艾爾段（Recep Tayyip Erdoğan）與馬杜洛有個人層面的連結。兩人都厭惡本國國內的民主和反貪腐運動，都覺得全球成熟民主國家對自己「不尊重」。艾爾段二〇一八年訪問卡拉卡斯時，宣稱他和馬杜洛都受到羞辱：「他們有時稱我們為蘇丹*或獨裁者……彷彿我們會在意。」這種感受奠定了雙方的友誼基礎。委內瑞拉繞過了制裁，出口黃金到土耳其，並換得糧食。

不過，委內瑞拉最不可思議的外交關係，莫過於和伊朗之間密切而深厚的連結。兩國在歷史、地理或意識形態上其實缺乏共同點：伊朗伊斯蘭共和

---

* 譯註：蘇丹（sultan），伊斯蘭君主制國家的統治者。

國是一個神權國家，委內瑞拉玻利瓦共和國則在表面上提倡左翼國際主義。讓雙方關係緊密連結的是石油、反美主義、反對本國民主運動，以及雙方都必須學會逃避制裁的暗黑手法。大多數國家的關係是建立在貿易或彼此共情之上，委內瑞拉和伊朗的關係則是基於兩國都心懷怨懟，加上暗中進行石油交易的共同利益。

自二〇〇〇年以來，伊朗有系統地增加援助，先是援助查維茲，然後是馬杜洛。伊朗購買委內瑞拉的黃金，並以糧食和汽油回報。據信伊朗也指點委內瑞拉如何打壓異議人士。伊朗還幫委內瑞拉建造了一座無人機工廠（但顯然不太成功），且供應設備與人力協助委國修復多座煉油廠。而委內瑞拉提供給伊朗的，大概就是幫伊朗支持的恐怖組織真主黨（Hezbollah）洗錢，據信也為真主黨和伊朗官員提供護照。

單是伊朗做的這些事，就對委內瑞拉政權的穩定發揮了作用。再加上來自俄羅斯、中國、古巴和土耳其的支持，更讓極度不得人心的委內瑞拉政權不但得以存續，甚至還能支應其他國家的獨裁者。二〇二二年十月，五名俄籍與兩名西班牙籍石油貿易商因為參與一樁精心策畫的陰謀，在美國遭起訴；這樁陰謀是要規避美國對委內瑞拉石油工業的制裁，並繞過美國對俄羅斯出口電子產品及其他科技的禁令。這七名貿易商利用繁複的空殼公司網絡（也就是民主世界四處可見、用於遮掩實際所有權人的那種空殼公司），共謀將委內瑞拉石油運交中國的買家，並隱匿原產地。美國司法部的起訴書稱，這些石油走私交易的收入被用於向美國企業購買高科技零件，供應給俄羅斯軍事承包商；俄國軍事承包商則用這些零件製造出殺害烏克蘭人民的武器。

這一樁不法計謀被揭露了，但還有多少計謀沒被揭露？我們可以想像，各大洲的其他獨裁政權依舊在進行著不法計謀。雖然參與者不同、使用的語言不同，但運作的手段幾乎一致——例如辛巴威就是如此。

＊ ＊ ＊

安吉爾（Uebert Angel）是一名福音派牧師，也是擁有英國與辛巴威雙重國籍的商人。他四處宣揚「成功神學」：提供療癒、預言與財務建議。他在個人官網上的形象是穿著白色禮服、打黑色領結。該網站可以連結到他發展出的各種事業，包括富翁學院（「教你成為百萬富翁的基礎面向」）、先知避靜所（參與者付費體驗「與上帝的先知、基督教的先知、末世的先知安吉爾面對面接觸」）。人們為什麼會想參加這些課程呢？因為「他是世界多國總統會致電尋求指引的對象；世界各地的百萬富翁和億萬富豪都爭相會見他，企盼聽到一句能改善他們人生軌跡的真言」。他會預測火山爆發、飛機事故，甚至曼聯足球隊的勝績。他在三個YouTube頻道（Miracle TV、Good-News TV、Wow TV）傳播這些預言。他還出版了十多本專書，包括《如何聽見上帝之聲》、《戰勝貧窮的惡魔》、《上帝告訴我關於金錢的最大祕密》等。有些時候，他甚至像魔術師一樣，能在人們的口袋或銀行帳戶裡找到「奇蹟財」（包括黃金、鑽石和現金）。

二〇二三年三月，安吉爾出現在半島電視臺的四集紀錄片《黃金黑手黨》（*Gold Mafia*）中；紀錄片播出前他對此並不知情，而他的另一面也在片中暴露無遺。這部紀錄片呈現了多個相互交錯的黃金走私計畫，有些是和辛巴威執政黨及總統姆南加瓦（Emmerson Mnangagwa）密切合作。其中一套計畫用的是傳統的人工遞送員，把裝在手提行李中的金條走私到杜拜，藉著賄賂機場官員讓他們睜隻眼閉隻眼。擁有這些黃金的人若非偷盜而來，就是因國際制裁而無法合法出售。安吉爾扮演的角色略有不同。他的行徑都被記者拍攝下來，而他以為這些記者是一名中國富豪的員工。安吉爾被任命為辛巴威的「無任所大使」，號稱要幫助辛巴威引進投資和貿易，但他卻利用自己的外交豁免權來協助一家典型的「洗錢事務所」運作。出售這些黃金的收入會匯進犯罪集團的銀行帳戶，犯罪集團再將與「髒」錢同等金額的款項交給辛巴威政府。（安吉爾透過發言人宣稱，這部紀錄片「提供不實訊息、純屬推斷且蓄意醜化總統特使暨無任所大使安吉爾大使閣下」。）

安吉爾的私人助理是另一名福音派牧師杜蘭（Rikki Doolan），他是英籍白人。從他的推特帳號研判，他也兼職在網路上為捍衛保守派文化出征，包括倡議反對同志驕傲遊行。紀錄片中，「杜蘭牧師」在祕密拍攝的鏡頭前說，姆南加瓦總統會確保洗錢計畫順利運作，「只要非洲這邊都打點好了，就不會有問題。」他邀請半島電視臺記者和總統會面（他也以為這名記者是某中國富豪的員工），要求二十萬美元的「協助費」來安排會面。（醜聞爆發後，杜蘭發布影片稱這部紀錄片出自「帝國主義資助的半島電視臺附屬機構」，經過「大幅編修，目的是陳述虛假的故事」。）

除了安吉爾和杜蘭之外，這部紀錄片還涵蓋了非洲、中東各地各種背景的人物。其中包括一名住在杜拜的加拿大人（「大多數時候，我可以隨心所欲，想去哪裡就去哪裡……黃金最棒的一點就是能當現金使用」）。另一人是姆南加瓦總統的姪女，任職於國營銀行。還有一人是肯亞某政黨的領導人，他同時在杜拜擁有幾家黃金貿易公司，而且恰巧也是牧師。

他們的集團商業模式是頗為諷刺的全球化翻轉版：來自北美、非洲南部、英國和阿聯的人開心攜手，跨國協作。他們一起逃避制裁且互惠互利，而缺乏透明度、打壓一切反對派的辛巴威政府則從中協助。

他們也代表著某些新的意涵。就像在委內瑞拉或某些已開發國家（想想坦慕尼協會）*一樣，政治貪腐在辛巴威也是長年以來的日常。革命領袖穆加比（Robert Mugabe）一九八〇年領導辛巴威脫離英國獨立後，建立了典型的一黨獨大制國家。他與時任安全首長的姆南加瓦大舉鎮壓及謀殺政敵，到後來把整個國家當成一個龐大的政治酬庸網絡來治理。但在一九八〇年代，還沒有複雜的國際交易，也沒有杜拜的各種中間人。大部分的好處（包括就

* 坦慕尼協會（Tammany Hall）一七八九年成立於美國紐約，自一八五〇年至一九六〇年代，長達百年間一直是民主黨用於控制紐約市和紐約州政壇的主要政治機器，掌控民主黨在紐約曼哈頓的選舉提名與政治酬庸對象，培植了大量效忠於該協會的各選區政治領袖，絕大部分是愛爾蘭裔移民。

業機會、外包合約與回扣等）都流向穆加比出身的紹納部落（Shona）那些雀屏中選的商人。金錢的來源也相當傳統：辛巴威獨立後的二十年間，白人擁有的農場繼續生產經濟作物（主要是菸草、糖和切花），是辛巴威的出口大宗。

二〇〇二年，這套經濟體系受到土地改革的強烈衝擊。辛巴威政府早就承諾且亟需進行土地改革，但實施時卻充斥亂象與暴力衝突。穆加比剝奪了大批白人農民的土地，將大部分土地給了自己的支持者，把許多曾在農場工作的黑人排除在外。農業生產就此崩潰，出口收益大幅下降。央行開始印鈔，通膨大增。政府實施了貨幣管制，結果就和委內瑞拉一樣：那些靠近權力核心的政權圈內人學會了操縱多重匯率制度。在此同時，礦業取代農業成為強勢貨幣的主要來源，這對那些結交權貴的辛巴威人頗有助益，他們發現黃金比菸草或鮮花更容易出口，也更容易在黑市交易。

但改變的不只是辛巴威。世界各地的金融體系都已針對來自盜賊統治的現金做了調整因應。一九八〇至二〇〇二年間出現了許多新型國家，它們不僅是避稅天堂，也是「橋接司法管轄區」（這是國家民主基金會*一項研究對它們的稱呼）。這些混合型國家是國際金融體系中的合法參與者，與民主世界進行正常交易。它們有時是民主世界軍事聯盟的一部分，但也樂意洗錢，樂意接受犯罪或竊來的財富，或樂意協助被制裁的人民和企業。例如，阿聯近年就大開方便之門，讓外國人（甚至是被制裁的外國人）更容易取得居留權甚至公民身分，也更容易購買房地產。因此，在俄羅斯入侵烏克蘭後，俄羅斯人在阿聯購買的房產數量增加了百分之百。土耳其也刻意製造漏洞：不只是俄國人，任何人都能用更簡單的方式將資金轉移到土耳其、直接匯入現金和黃金。除了公開邀請被制裁的外國人，這類交易也會暗中進行。例如走

* 國家民主基金會（National Endowment for Democracy）是美國非政府組織，目標是促進世界各地的民主發展，經費來自美國國會撥款。

私黃金到杜拜，或土耳其人密謀將黃金從委內瑞拉運送到伊朗。

來自盜賊政權的巨款也幫助這些政權鞏固權力，變得更專制、更進一步打壓人民。二〇二二年起，吉爾吉斯對俄羅斯的出口增加了二點五倍，其中許多產品是這個中亞國家從未出口到俄羅斯的，包括洗髮精、牙籤、肥皂、汽車零件，以及其他在歐洲或中國製造的商品；這些產品都來自歐洲或中國企業，為了躲避制裁而繞道吉爾吉斯運往俄國。在此同時，白羅斯生產的木材與木製品也出現在歐洲市場，但標註產地為吉爾吉斯或哈薩克，這兩國以往也不曾向歐洲出口木材。同樣在這兩年間，吉爾吉斯政權的專制手段加劇。它過去曾是該地區最開放的國家之一，容許相對自由的新聞媒體和公開的政治對話，但過去兩年已開始查禁出版品，而且通過了限制記者報導的法律。政府沒收記者的手機和筆記型電腦，某些記者被控違反一項措辭含糊的法律，內容是禁止「號召不服從與大規模騷亂」。

吉爾吉斯的局勢在短時間內風雲變色。伊斯肯德（Bektour Iskender）在二〇〇七年參與創辦吉爾吉斯調查新聞網站Kloop，這個網站嚴肅報導貪腐問題，培訓年輕記者，並與其他中亞報刊密切合作。一直到二〇二〇年，Kloop還經常發布獨家報導與調查，包括一系列經過仔細研究、詳盡入微的文章，揭露吉爾吉斯一樁價值數百萬美元的走私和洗錢計畫。二〇二二年夏天，我和伊斯肯德碰面時，他還滿懷樂觀，策畫著多起跨國調查專案。當時他發表了以「調查新聞打擊犯罪的力量」為主題的TED演說，迄今至少一百五十萬人聽過。但當我們一年半後再次碰面時，他卻面臨可能被長期流放的險境。在波蘭華沙和我碰面喝咖啡時，他透露已接獲要他離開祖國的警告。他說，這個政權「因俄羅斯資金大量流入，變得更加膽大妄為」。這個國家要出現正向改變（無論是言論更自由，或是政府更透明），如今希望已非常渺茫，因為政權靠著突然湧入的巨額非法資金而得以維持。二〇二三年十一月，吉爾吉斯政府已將Kloop網站的俄文版和吉爾吉斯文版一起封鎖。

辛巴威也曾在十年間發生類似轉變。二〇〇八年，政權治理不善引發了極為嚴重的危機：通膨率高達百分之兩億，辛巴威幣的面額以兆計算，因此穆加比勢必得改革。此時政治反對團體「民主變革運動」（Movement for Democratic Change）也浮上檯面，該團體的領袖崔凡吉萊（Morgan Tsvangirai）贏得了總統大選首輪投票。在那個時刻，穆加比原本可以允許政權民主過渡。他原本可以讓真正的經濟改革得以實現，這項改革是要造福全民，不再是只有執政黨受益。他原本至少可以給辛巴威人空間，坦率討論辛巴威長久以來的危機。但穆加比卻背道而馳，以暴力回應。執政黨派出暴徒，騷擾及毆打崔凡吉萊的支持者。非政府組織「辛巴威人權論壇」記錄到一百三十七件政治綁架案、十九件失蹤案、一百零七件謀殺案、六件出於政治動機的強暴案。

穆加比和他的核心圈子並未恢復辛巴威公民的權利，也沒有追求全民繁榮富裕，而是抓住了他們在一九八〇年還不曾擁有的機會。他們從「傳統」的貪腐領導變形為另一種領導人：一個新的寡頭階層，把資金隱藏在大多數辛巴威百姓無法理解的層層交易背後。在這個國家，有些人只是因為在對的時間出現在對的地方，就能發大財，其他人民卻仍一貧如洗。難怪安吉爾的財務建議和「奇蹟財」的說法能讓這麼多人充滿信心與希望。畢竟，已經有某種看不見的外國「魔法」讓少數人變得非常富有，那說不定還有另一種魔法能幫助到其他人？

但正因為魔法財並非人人可得，領導階層必須找到新方法來控制民間的騷亂。二〇一七年，姆南加瓦推翻穆加比後，將辛巴威仍殘留的少許法治制度也消滅殆盡。他攻擊法院體制，二〇二一年修憲賦予自己任免法官的權力，並將賄賂偽裝成房貸收買法官，藉此讓法官站在他這邊。

二〇二三年八月大選前，姆南加瓦推動國會通過《愛國法案》，此後辛巴威人民若向任何外國人發表關於國家或政府的負面言論，都屬違法。當時我本已打算赴辛巴威觀選，但在法案通過後取消行程。我改在競選期間與幾位反對派候選人通話，他們都熱情、組織有序且積極主動。他們告訴我，當地人民普遍厭惡這個政權，因此他們確信自己勝券在握。

然而幾天後，選舉再次被操縱，政府再次勝選。其中一位反對派候選人打電話給我，驚慌詢問我是否能幫助他走避他鄉。他所在區域的警察當時正在逮捕他的同伴。這些暴力與貪腐行徑讓美國和歐盟對辛巴威祭出更多制裁，對象涵蓋個人犯罪者。不過辛巴威菁英階層深知，就像國際金融體系創設了各種服務幫他們賺取和隱匿財富一樣，在二〇二三年的此時此刻，他們還有其他選擇。

辛巴威執政黨和中國共產黨的交情久遠，都曾尊奉毛澤東思想口號，也一起談論農民起義。從穆加比創立的政黨「非洲民族聯盟—愛國陣線」還在爭取辛巴威獨立時，到後來與蘇聯支持的敵對解放政黨角力時，中共都為他們提供武器、訓練和建議。辛巴威獨立後，中國逐漸成為該國最大投資國、最大進口來源地與最重要的出口目的地。至二〇二二年，中國對辛巴威的援助已涵蓋多個領域，從建立國家藥品庫到建設新國會大廈。COVID-19疫情期間，中國向辛巴威提供了一百萬劑科興疫苗。

兩國之間的共同利益很清楚。中國可以取得礦產：二〇二二年九月，中國投資者簽署了一項價值二十八億美元的協議，要建造鋰、白金和鎳礦的加工設施，加工後的礦產將出口到中國的電池工廠。辛巴威則換來寬頻網路協議和中國的監控技術，包括中國長期用於監控國內異議人士的華為設備和監視攝影機。還有其他的中國科技公司（包括提供臉部辨識軟體的公司）也簽署協議，為辛巴威提供設備，用途僅含糊寫著「為執法目的」。辛巴威把電信基礎設施都交由中國接管，中國則幫助姆南加瓦維持執政大權。

至於辛巴威與俄羅斯之間，雖然沒有淵遠流長的合作關係，但姆南加瓦和普丁依舊發現兩人有著諸多共同點。兩人都不是藉由選舉或憲法來維持政權，而是透過政治宣傳、貪腐與選擇性施暴。兩人都必須向國內和民主世界的受眾展現自己毫不在乎他們的批評，不在乎他們的人權法律，不在乎他們對民主的討論。為了展現與俄羅斯的盜賊政權團結一致，辛巴威成為二〇一四年在聯合國投票支持俄羅斯併吞克里米亞的十一個國家之一，其他國家包括北韓、白羅斯、古巴、委內瑞拉等。同年，辛巴威授予俄羅斯開採白金的特許權，換來數架米格35戰機。二〇一九年，普丁在莫斯科歡迎姆南加瓦到訪，雙方簽署了俄羅斯投資辛巴威鑽石產業的協議。此前一週，聽令於姆南加瓦的警察才在首都哈拉雷開槍鎮壓示威者。

二〇二三年，曾是反殖民獨立運動領袖的姆南加瓦，卻公開支持普丁在烏克蘭的殘酷殖民統治戰爭，雙方關係達到歷史新高。他在聖彼得堡的俄羅斯與非洲峰會上宣稱，辛巴威「與俄羅斯聯邦團結一致，支持貴國對烏克蘭的特別軍事行動」。普丁為了致謝，贈送了一架總統專用直升機給這位新戰友。辛巴威政府發言人當時宣布：「這隻大鳥很快就會在我們的天空翱翔。」

發言人還發布了一張照片，是八十多歲的姆南加瓦坐在直升機機艙內，一旁桌上放著葡萄酒和水果。發言人還公開了一份姆南加瓦向辛巴威人民和全世界發表的聲明，上面寫著：「制裁的受害者必須合作。」

第三章　控制論述

一九八九年六月四日，波蘭共產黨舉行了不完全自由的選舉，觸發一連串事件，最後導致共產黨人下臺。沒過多久，在要求言論自由、問責制和民主制的街頭示威推波助瀾下，東德、捷克斯洛伐克、匈牙利和羅馬尼亞的共產主義政權也紛紛垮臺。不出幾年，連蘇聯本身都不復存在。

同樣在一九八九年六月四日，中共下令軍隊清理天安門廣場上的數萬名學生。這些學生像東歐人民一樣，要求言論自由、問責制和民主制。但軍隊在北京和全國各地逮捕並殺害示威者，追緝示威運動的領袖，迫使他們自白與公開宣布放棄主張。有些人下獄多年，其他人則躲過追捕，終生流亡海外。

這一連串事件後，中國政府認定這些反應措施仍然不夠。為了防止當時席捲西方（歐洲）的民主浪潮蔓延到東方，中國領導人決定，不僅要讓引發示威的人消失，還要讓引發示威的思想消失。這些思想包括法治、三權分立、言論自由、集會自由，以及所有被他們說成是民主世界「精神汙染」的準則。早在習近平讓中國走上一人統治之路以前，中國就開始利用新的資訊科技，當時這些科技正要開始改變世界各地的政治生態與輿論內涵。

當時，即便中國已著手建立這整套科技監控系統，仍然沒人相信它能有效運作。如果說美國人當年以為貿易有助於建立民主的想法過於天真，他們對於科技的看法更是幾近夢幻。有個故事值得再說一次：二〇〇〇年，柯林頓總統曾向滿室外交政策專家說，中國意圖控制網路「簡直像把果凍釘在牆上」，當時臺下哄堂大笑。《鄉民都來了》（*Here Comes Everybody*）和《美德實境》（*Virtuous Reality*）等書籍都主張網際網路會促進「自組織」的發展，甚至能推動文化復興。即使到了二〇一二年，我在一本書中提出「網際網路可能成為一種控制工具」的論點時，《紐約時報》的書評家仍然不放在眼裡。「普丁或許會讓她成為先知，」書評家法蘭科（Max Frankel）這樣說起我，「但本世紀到目前為止，科技已成為一種對抗暴政的防禦手段，受到世人歡迎。」

當我們還在熱情歌頌網路能以各種方式傳播民主時，中國已開始使用那套被稱為「中國防火長城」的系統。這個呼應歷史的名稱雖然聽起來有意思，其實頗具誤導性。「防火長城」聽起來像是實物，而中國的網路管理系統（實際上是管理輿論）卻是由許多不同的要素組成，其基礎是一套精密複雜的封鎖和過濾機制，防止網路用戶看到特定字詞。其中最知名的詞語就是「天安門」、「一九八九」與「六四」，但遠遠不只這些。二〇〇〇年施行的《互聯網信息服務管理辦法》禁止多項在網路散播的內容，包括任何「危害國家安全、洩漏國家機密、顛覆國家政權、破壞國家統一」及「損害國家榮譽和利益」的內容——換言之，就是所有政府不想看到的內容。當局允許中國的社群媒體蓬勃發展，前提是這些社群媒體要和維穩部門合作，而維穩部門自始就操控這些社群媒體，讓他們可以監控用戶。

外國企業也從中促成，一開始就湧入這個新的維穩市場，就像之前湧入後蘇聯的金融市場一樣。微軟（Microsoft）一度修改了旗下的部落格軟體，遷就中國「防火長城」的各種協定。雅虎（Yahoo!）同意簽署一份「關於自律的公開承諾書」，保證不會讓當局禁止的詞語出現在搜尋結果。另一家美國企業思科（Cisco Systems）則出售價值數億美元的設備給中國，包括針對被查禁網站的封鎖技術。二〇〇五年我寫出思科這些交易時，該公司一名發言人告訴我，這只不過與「你們的地方圖書館用來封鎖色情內容的設備與技術相同」，還補充說「我們不會做任何違法情事」。然而，已故中國人權活動家吳弘達也曾跟我說，他從思科駐中國代表得知，該公司的合約包括向中國三十一省的警察部門提供技術。

但中國吸收消化了所需技術以後，就和外國企業解約了，與中國在其他許多領域的做法如出一轍。Google則難以遵守中國防火長城的內容過濾規則，二〇一〇年遭中國人民解放軍發動網路攻擊後，終於決定退出中國市場。Google後來祕密開發了一個符合中國審查制度的特製搜尋引擎，但二〇一八年遭到員工抗議及輿論批評後也捨棄了。中國在二〇〇九年封殺臉書（Facebook），二〇一四年封殺Instagram。至於TikTok（抖音海外版）雖然是由中國公司開發，但從未獲准在中國營運。*

中國政府也把網撒得更廣，擴大到網路空間以外，逐漸將網路追蹤系統與其他的鎮壓工具和手段結合，包括監控攝影機、警方臨檢、直接逮捕等。這套複合式系統最精密繁複的版本正在新疆實施。這是中國少數民族維吾爾穆斯林居住的行政區。二〇〇九年發生一連串政治抗議後，中國不僅逮捕拘禁維吾爾人，還開始實驗新形態的網路與實體控制。維吾爾人被要求

* 譯註：TikTok是中國短影音程式「抖音」的海外版，但兩者各自獨立，中國的網路防火牆內無法使用TikTok。

在手機上安裝「保姆型應用程式」，這些程式會不斷搜尋「意識形態病毒」，包括各種通訊內容中是否提及《古蘭經》經文和宗教相關言語，或是其他可疑言論。這些應用程式可以監控數位圖書的購買情況，並追蹤個人位置，將資訊回傳給警方。警方還可藉此發現異常行為：凡是下載虛擬私人網路（VPN）翻牆軟體的人、完全不上網的人、家庭用電過多的人（可能是有祕密客人的證據）都可能引起懷疑。他們利用語音辨識技術，甚至DNA拭子檢測，來監控維吾爾人走路去哪裡、開車去哪裡、到哪裡購物。

這套系統到最後可能覆蓋全中國，這個國家已經有數億台監視攝影機在監控公共場所。人工智慧和臉部辨識軟體已經可以識別走過鏡頭的人，立即連結到當局自同一人的手機、社群媒體與其他來源取得的其他個資。所謂的「社會信用系統」已經將大量資料庫串接在一起，將違規的個人列入黑名單。當局也以「平安城市」這種無害用語來描述這套科技系統，彷彿它唯一的用途是改善交通，雖然它確實也改善了交通。

平安絕非唯一目的。科技記者安德森（Ross Andersen）在《大西洋月刊》（*The Atlantic*）撰文稱，不久後「中國的演算法就有能力把各種來源的資訊（出行記錄、朋友和同事名單、閱讀習慣、購買行為等）從點串成線，在政治反抗力量出現前就事先預測」。隨著每一次新的突破，每一次人工智慧的進展，中國都離它的聖杯更近一步：建立一套系統，不僅能讓「民主」和「天安門」等詞語從網路消失，也能讓那些促使人們倡議民主或上街示威的思想消失。

其他國家也可能仿效。「平安城市」是一套監控與人工智慧系統，中國科技巨頭華為已將它出售給巴基斯坦、巴西、墨西哥、塞爾維亞、南非和土耳其。馬來西亞維安部門的一個分支也已與一家中國企業簽約，這家企業的人工智慧科技可即時比對監視器拍攝的影像與中央資料庫的影像。新加坡已經購買了許多類似產品，甚至已宣布相關計畫，要在這個城市國家的每支燈柱上安裝帶有臉部辨識科技的攝影機。姆南加瓦總統為辛巴威購買了臉部辨識科技，宣稱要用來設計「機場、火車站、公車站的智慧安全應用程式」，但顯然也可能成為政治控制的工具。

這種概念遲早會擴大傳播，讓民主國家的領袖也躍躍欲試。「平安城市」這類科技的某些元素確實有助於打擊犯罪，許多民主國家都在試用。民主國家，特別是混合式民主國家，也完全有能力發展自己的監控技術，用於對付批評人士、政治對手和真正的罪犯或恐怖分子。以色列NSO公司開發的Pegasus手機間諜軟體，已被匈牙利、哈薩克、墨西哥、印度、巴林和希臘等國政權用於追蹤記者、維權人士和政治對手。二〇二二年，由民族與民粹主義政黨「法律正義黨」領導的波蘭政府，在我許多朋友和同事的手機上都安裝了Pegasus軟體，他們當時都和政壇反對派有關聯。二〇一三年，美國國家安全局約聘僱員史諾登（Edward Snowden）揭露了該局的情蒐手段與戰術，還公開數千份文件，內容詳述美國在全球各地的軍事行動。美國政府是否應保留、又該保留哪些公民資訊，成為這樁國際醜聞的主題。史諾登後來逃往俄羅斯，至今仍居留當地。

這類情節在民主國家和獨裁國家會如何發展，差異很大。史諾登外洩的文件引起廣泛討論，有多位記者因調查這些文件裡的事件而獲得普立茲獎。在波蘭，Pegasus間諜軟體的醜聞後來被媒體披露，並且遭到國會委員會調查。如果中國、俄羅斯、伊朗或北韓沒有傳出類似醜聞，那只是因為這些國家沒有立法機構的委員會、沒有自由的媒體能發揮同樣作用。

不過，民主世界也使用間諜軟體和監控手段一事，的確讓獨裁政權更能合理化自己濫用這些科技的行為。隨著越來越多國家採用這些系統，批評此舉有違倫理道德的反對意見也會逐漸消失。中國出口這些科技既是基於商業理由，也很可能是用於間諜工具，另一個原因則是這些科技一旦廣為使用，就能合理化中國在國內使用這些科技的行為：若在其他國家實施大規模監視沒有遭遇那麼多反對，那中國國內出現批評的風險就會更小。那些開始仰賴中國先進科技來控制人民的獨裁者、政黨和政治菁英，或許也會開始自認有義務在政治上與中國結盟，甚至覺得唯有必須這麼做才能維持政權。數位科技專家費爾斯坦（Steven Feldstein）認為，中國越能「讓其他國家的治理模式和中國一致，這些國家對中國霸權的威脅就越小」。

然而，即使是最精密繁複的監控系統也做不到萬無一失。在Covid-19疫情期間，中國政府實施了大多數中國人畢生經歷過最嚴厲的身體行動限制措施。數千萬人被迫留在家中，甚至是被鎖在家裡，為數不詳的大批民眾被送進政府設置的隔離集中營。不過，大規模封城也引發了中國民眾多年以來最憤怒、最激烈的抗議活動。二〇二二年秋天，從未參與示威、對天安門事件毫無記憶的年輕人聚集在北京和上海街頭，談論行動自由和言論自由。在中國封城時間最長、措施最嚴厲、網路管控最深也最徹底的新疆，人們上街高唱中國國歌，特別強調歌詞裡的那句「起來，不願做奴隸的人們！」他們高唱國歌的影片一時之間廣為流傳，因為中國的間諜軟體和網路過濾機制沒有辨識出「唱國歌」是在表達異議。

這次教訓對整個「獨裁者聯盟」來說是一種惡兆：即使在一個看似已實施全面監控的國家，人民若經歷暴政與不公，仍然會變得激進。政府肆意濫權引起的憤怒，總是會讓某些人開始思考其他制度選項，思考更好的社會管理方式。這些示威活動產生的能量與它反映的廣泛民怨，足以讓中國當局嚇得取消隔離規定，並容許病毒傳播。比起民眾憤怒示威，當局寧可讓病毒擴散導致死亡病例增加。

他國經驗或許也提供了教訓。就像二〇一一年俄羅斯的反普丁示威，或幾年後委內瑞拉的大規模街頭抗議活動一樣，二〇二二年中國的白紙運動讓獨裁政權又多了一個理由，要把他們打壓異見的機制向外延伸到民主世界。如果美好的人權形象、關於民主的論述、追尋自由的夢想會自然引起人民嚮往，那就一定要抹黑這些理念。要達到這個目標，需要的不只是監控系統，也不只是能防禦自由主義思想的政治體系；還需要一個進攻計畫、一套傷害民主理念的敘事論述，無論是世界上哪個地方實施的民主。

＊＊＊

二十世紀時，共產黨的政治宣傳無所不在且激勵人心，或至少是意圖達成這種效果。當時的宣傳海報、藝術、電影和報紙描繪了一個理想化的光明未來，充滿了整潔的工廠、豐足的農產品、熱情的工人和健康的曳引機駕駛。建築的設計要讓人民自覺渺小，音樂要產生威懾效果，公開表演則是要讓人驚嘆。理論上，人民應該要感受到熱情、啟發與希望。實際上，這類政治宣傳的效果適得其反，因為人們看了海報與電影後，會和貧困得多的現實生活相比較。

當今仍有少數獨裁政權在向人民宣傳自己是模範國家。北韓的大閱兵聲名遠播，有精心設計的體操表演和領導人巨幅肖像，充滿史達林風格。但「獨裁者聯盟」裡的許多政治宣傳者已從二十世紀的錯誤中學到教訓。他們不會向同胞描繪烏托邦願景，也不會激勵他們建立更美好的世界。反之，他們教人民變得憤世嫉俗且消極被動，因為沒有更好的世界要打造。這些政治宣傳者的目標是說服人民自掃門前雪，遠離政治，而且永遠別指望實施民主：我們的國家或許腐敗，但其他國家也一樣。你也許不喜歡我們的領導人，但其他領導人更糟。你也許不喜歡我們的社會，但至少我們很強大；民主世界則是衰弱、墮落、分裂、岌岌可危的。

當代中國的大內宣就未將中國描繪成完美社會，而是依據中國經濟發展和民族救贖的真實經驗，反覆向人民灌輸民族主義的自豪感。中國政權也將自己的「秩序」和民主國家的混亂或暴力對比。中國媒體以一部動畫片譏嘲美國應對疫情不力，結尾是「自由女神像」吊著點滴。之後，中國官媒《環球時報》撰文稱，中國人民說一月六日暴動*是「因果輪迴」和「報應」：「看到這樣的

* 譯註：一月六日暴動是指二〇二一年一月六日，美國國會進行認證二〇二〇年總統大選結果的程序時，數千川普支持者闖入國會山莊暴力干預，造成至少五人喪生、逾百人受傷，包括多名警察。

場景，許多中國人自然會想起裴洛西（Nancy Pelosi）曾讚揚香港示威者的暴力行為是一道『美麗的風景線』。」（裴洛西讚揚的當然是和平示威，而不是暴力。）中國官方也告訴人民，這些混亂勢力是要擾亂他們的生活，鼓勵人民對抗這些勢力，針對境外勢力的影響或外國間諜展開「人民戰爭」。「境外敵對勢力一直在極力干預，（我們）千萬不能放鬆對國家安全工作的警惕。」

俄羅斯人民對自己家鄉城鎮發生的事情聽聞得更少。官方不斷告訴他們的是，那些他們不了解且大多沒去過的地方已然衰落，包括美國、法國、英國、瑞典、波蘭等國，這些國家都墮落、虛偽且充斥著仇俄心理。一項二〇一四年至二〇一七年針對俄國電視臺的研究發現，三個全由國家控制的主要頻道上，關於歐洲的負面新聞平均每天出現十八次。有些新聞顯然是捏造的（歐洲政府會偷走異性戀家庭的孩子，送給同志伴侶！）即使是真實新聞也經過精挑細選，用意是支持以下觀點：歐洲的日常生活可怕而混亂，歐洲人衰弱且不道德，歐盟不是專橫干預他國事務，就是即將崩潰。這麼做的目的十分明確：防止俄羅斯人像過去一樣認同歐洲。

至於對美國的描繪則是更加誇大。平常根本極少想到俄羅斯的美國民眾會很訝異，訝異於俄國國營電視臺竟然以這麼多篇幅報導美國的文化戰爭，特別是性別爭議。普丁本人對於推特上關於跨性別權益的討論，熟知到令人不安的程度，他還語帶譏諷地同情那些他口中「被取消」的人。這麼做的目的之一是要告訴俄國人民：自由民主世界不值得欽慕。但普丁也用這種方式，將他在俄國國內的受眾與在歐洲、北美等地的支持者拉攏結盟。歐美有一群信仰專制主義的極右派人士追隨普丁，某些土生土長的保守派人士也被他說服，相信俄羅斯是「白人基督教國家」。事實上，在俄羅斯很少人會去教會，墮胎是合法的，而且人口由多元族群組成，包括數百萬名穆斯林公民。車臣自治區是俄羅斯聯邦的一部分，部分治理手段加入了傳統伊斯蘭教法的元素，也以伊斯蘭教奉行身心純潔之名，逮捕並殺害男同志。除了國家認可的俄羅斯東正教以外，俄國政府會騷擾和打壓其他各種形式的宗教，包括基督新教的福音派教徒。

儘管如此，普丁仍將俄羅斯描繪成一個領導者，率領著強大的傳統國家聯盟對抗衰弱的民主國家，而且這種手法確實在美國吸引了一些追隨者。二〇一七年，惡名昭彰的沙洛茲維爾（Charlottesville）示威以暴力事件作終，當時白人民族主義者在示威中高喊的口號，就包括了「俄羅斯是朋友」。* 俄羅斯會參與那些宣揚基督教或傳統價值觀的國際組織，而且疑似祕密資助其中某些單位。普丁也會不時向這個群體的支持者發出訊息。在二〇二一年十二月的記者會上，普丁就曾表示：「我秉持傳統觀念。女人就是女人，男人就是男人，母親就是母親，父親就是父親。」彷彿這是揮軍烏克蘭的正當理由。就在這場記者會舉行前，俄羅斯政府禁止了所謂的「國際LGBTQ+運動」，稱它是「極端主義」的一種形式，警方也開始突襲同志酒吧。

如此操弄針對同志權利和女性主義的強烈情緒，這種手法已經被整個獨裁世界廣為仿效。在烏干達執政三十多年的總統穆塞維尼（Yoweri

Museveni）就在二〇一四年通過一項「反同性戀」法案，將已婚的同志伴侶判處無期徒刑，並將「推廣」同性戀生活方式列為刑事罪行。針對同志權益引戰，讓他既能凝聚國內人民的支持，又能藉此化解外國對他長期執政的批評。他指控民主國家是「社會帝國主義」，「外人不能對我們說三道四，因為這是我們的國家」。匈牙利這個非自由主義混合國家的總理奧班（Viktor Orban），也同樣藉著挑起文化戰爭來迴避對國內腐敗的議論。他把匈牙利與美國政府之間的長期緊張偽裝成與宗教和性別有關，其實雙方關係惡劣是因為奧班和中俄兩國都建立了深厚的金融與政治聯繫。

有些獨裁者則是竭盡所能獨攬人民的注意力，藉此壟斷全國輿論。查維

---

* 譯註：二〇一七年，維吉尼亞州沙洛茲維爾市決議拆除南北戰爭期間代表南方邦聯的李將軍（Robert E. Lee）銅像，引發支持邦聯派與白人至上主義團體抗議。同年八月十二日，極右翼與白人至上團體發起遊行，反右翼群眾也上街示威，一名白人男子駕車衝撞反右翼群眾，造成一死多傷。

茲過去就不斷出現在委內瑞拉的電視上，搶占常態節目的播放時段，主宰所有的電視和廣播頻道。他每週日主持一檔長達數小時的談話節目《總統，你好》（*Aló Presidente*），讓觀眾看他一人滔滔不絕發表關於政治或體育的長篇大論，還有他的個人軼事和歌曲。他也會邀請名人上節目，其中包括娜歐蜜（Naomi Campbell）和西恩潘（Sean Penn）。從某種角度而言，他壟斷全國輿論的做法預示著川普二〇一六年的競選方式，雖然川普是利用社群媒體而非電視來主導輿論。兩人都反覆不斷地公然說謊，和當代的其他獨裁者如出一轍。政治學家威登（Lisa Wedeen）就觀察到，敘利亞政權的謊言荒唐到不可能有人相信，例如在內戰最慘烈時宣稱敘利亞是絕佳的旅遊地點。她的結論是，這些「國家級虛構作品」的目的不在說服任何人，而是要展現編造故事者的權力。有時候，重點不是讓人民相信謊言，而是要讓人民恐懼那個說謊的人。

這種作風和過去非常不同。蘇聯時期的領導人也會撒謊，但他們會努力把謊言說得像是真有其事。就像赫魯雪夫在聯合國大會的表現一樣，如果有人指責他們撒謊，他們會生氣，會製造不實「證據」或反駁的論證來回應。但在普丁治下的俄羅斯、阿薩德治下的敘利亞或馬杜洛治下的委內瑞拉，政治人物和電視名嘴通常不玩這一套。他們會不斷公然說著明顯的謊言，但一旦被揭穿，他們卻根本懶得反駁。二〇一四年，俄羅斯控制的部隊在烏克蘭上空擊落了馬來西亞航空十七號班機，俄國政府不僅否認，還捏造了各種說法，有些看似合理，有些則離譜到難以置信：他們將事件歸咎於烏克蘭軍隊或美國中情局，或宣稱這是一樁邪惡陰謀，是有人把二百九十八名死人裝進一架飛機裡，藉此偽造墜機事故，目的是要栽贓給俄羅斯。

這種所謂「流水式謊言」的策略不會讓人民憤怒，而是讓他們陷入虛無。給你這麼多種解釋，你要怎麼知道究竟發生了什麼事？如果你永遠無法知道真相呢？如果你無法理解周遭發生的一切，你就不會加入偉大的民主運動，不會追隨講真話的領導人，也不會傾聽任何人談論積極的政治變革，而是會完全避開政治。獨裁者有強烈動機去散播這種無望和憤世嫉俗的情緒，不僅在自己的國家，還要散播到世界各地。

＊＊＊

二〇二三年二月，我在慕尼黑參加一場晚宴，對面坐的是一位剛從非洲回來的歐洲外交官。他在非洲曾與一些學生會面，訝異發現他們對烏克蘭戰爭所知極少或根本漠不關心。他們複述俄羅斯那套說法，稱烏克蘭人是「納粹分子」，並將俄國的入侵行動歸咎於北約，這一論點和俄羅斯每天的晚間新聞幾無二致。這位外交官大感不解。他急於找出解釋：也許這是殖民主義的遺緒，或是西方太過忽視全球南方國家，要不就是冷戰留下的長期陰影。他不斷搖頭。

他和許多只用自身經驗解釋世界的歐美人士一樣，漏掉了那個最簡單、最顯而易見的解釋。非洲人（還有拉丁美洲人、亞洲人及許多美國人和歐洲人）會如此複述俄羅斯關於烏克蘭的政治宣傳，其實與歐洲殖民歷史沒有太大關係，而是因為中國長期收買或影響世界各地的媒體與菁英階級受眾，以及俄羅斯精心策畫的政治宣傳運動（有些宣傳內容還被美國和歐洲有償或無償的極右翼分子放大）。此外，其他獨裁國家也越來越常利用這些宣傳網絡，以相同的策略和語言來鞏固他們自己的非自由政權，通常也是為了控制論述。反民主的言論已在全球各地散播。

中國是最努力向全世界自我展示的國家，利用最多管道、在最多國家發動宣傳，也許因為它是最富有的獨裁國家，也許因為它的領導人真的相信自己有個好故事要說。分析家沃克（Christopher Walker）創造了「銳實力」一詞來描述中國在文化、媒體、學術甚至體育等多個不同領域的影響力活動（不是軍事「硬」實力，也不是文化「軟」實力）。其中很多活動是由中共中央統戰部統籌策畫，這是中共最重要的影響力部門，它建立各種教育和交流計畫，試圖控制中國在海外的流亡人士，也四處成立中國商會，最惡名遠播的是協助經營設在世界各地學術機構裡的孔子學院。孔子學院最初被認為是良性的文化機構，類似德國政府旗下的歌德學院，或法國文化協會。孔子學院曾經廣受多間大學歡迎，因為它提供平價甚至免費的中文課程和教師。但時間一久，它們就開始啟人疑竇，因為它們監控美國各大學的中國學生、試圖阻撓關於西藏或臺灣的公開討論，在某些情況下還改變關於中國歷史和政治的教學內容，以符合中國官方的敘事。雖然美國的孔子學院大多已解散，但它們在很多地方仍蓬勃發展，光是在非洲就有數十間。

中國向國際媒體投入巨資（估計達七十至一百億美元），更進一步擴大了這些細緻操作的效果。新華社、中國環球電視網、中國國際廣播電臺、《中國日報》入口網站都獲得大量的國家資助，在多個地區經營多種語言的社群媒體帳號，以銷售、共享等方式推廣內容。在政府高額補貼之下，他們的新聞和影片都以專業手法製作，但成本低於西方同行，而且永遠呈現中國和中國盟友的光明面。歐洲、亞洲、非洲共數百家新聞機構使用其內容，包括非洲的許多媒體，從肯亞、奈及利亞、埃及到尚比亞。這些單位將非洲區域總部設在肯亞首都奈洛比，聘請當地知名記者，製作多種非洲語言的內容，另外還有阿拉伯文、英文、法文、西班牙文、俄文和中文。

目前觀看這些中國國營頻道的人並不多，因為它們的內容沒有令人驚喜之處，通常也很無趣。但比較「軟性」的中國電視臺已越來越多。四達時代（StarTimes）就是一家與中國有關的半私有衛星電視公司，目前在非洲三十國的訂戶已超過一千三百萬。對消費者來說，四達時代很便宜，月費只要幾美元。它以來自中國的內容為主，除了新聞以外，還播放功夫電影、肥皂劇、中超足球聯賽，所有對話和評論全部翻譯成豪薩語、史瓦希里語等非洲語言。這個衛星電視臺也提供來自西方國家的內容，但須額外付費。四達時代也收購了南非一家衛星電視公司的股分，並與尚比亞一家國營廣播公司建立了合作關係。如此一來，即使是娛樂節目也能傳遞對中國正面的訊息。

這些媒體和許多西方媒體不同，它們不僅相互合作，也直接和中國政府合作。無論是在中國國內或境外，中國不會將宣傳、審查、外交和媒體劃歸不同部門，也不會將它們視為各自獨立的活動。對外國新聞機構施加法律壓力、封鎖外國網站、藉網路留言攻擊外國記者——要實施特定計畫破壞某個組織或宣揚某種敘事，這些都是可以動用的手段。中共也利用海外的學生會和商會來傳遞訊息，為當地記者提供培訓課程或津貼，甚至提供手機和筆記型電腦。這也是一套明確策略的其中一環：中國的政治宣傳者喜歡在當地媒體發表觀點，並附上作者在當地的署名。他們稱之為「借船出海」。

本著這種精神，中國也和其他獨裁國家的媒體公開而謹慎地合作。成立於查維茲時代的「南方電視臺」（Telesur）理論上是一家跨國廣播公司，其實總部位於卡拉卡斯，合作夥伴包括尼加拉瓜和古巴。該電視臺的某些內容看來是要吸引該區域的左派觀眾，例如它經常攻擊跨國農業巨擘孟山都（Monsanto）。由合作夥伴精心挑選的外國新聞也會出現在南方電視臺，許多標題在拉丁美洲其實不怎麼吸睛，例如「美國與亞美尼亞聯合軍演破壞區域穩定」，或「俄羅斯在歐洲並無擴張計畫」，這兩篇二〇二三年的報導都直接取自新華社。對於想看不同形式相關內容的觀眾，伊朗還提供HispanTV頻道，這是伊朗英語新聞臺PressTV的西班牙語版本。PressTV的內容傾向於公開主張反猶太主義、否認猶太大屠殺，二〇二〇年三月的一則新聞標題更宣稱「新型冠狀病毒出自猶太復國主義的一樁陰謀」。HispanTV已遭西班牙禁播，也已被Google從YouTube封鎖，但拉美觀眾仍能輕易收看該頻道，就像PressTV的阿拉伯語版Al-Alam電視臺在中東覆蓋率甚廣一樣。

RT（今日俄羅斯）電視臺的知名度比南方電視臺或PressTV更高，在非洲與中國的合作也更緊密。俄國入侵烏克蘭後，RT頻道被踢出衛星電視網絡，之後它短暫自許多非洲國家消失。但中國的四達時代衛星納入RT頻道後，它又重新出現在觀眾眼前，並且迅速在非洲各地建立辦事處和人脈關係，特別是在獨裁者統治的國家，這些國家亟欲呼應及模仿俄羅斯反西方、反LGBT的「傳統」言論。阿爾及利亞政府騷擾了法國國際頻道「France 24」的多名記者，但似乎很歡迎RT。RT在南非的總部也在建設當中，它的西班牙語版和阿拉伯語版則希望觸及拉美和中東的民眾。

但RT的真正目的不見得是經營電視頻道。就像伊朗的PressTV、委內瑞拉的南方電視臺，甚至是中國的環球電視網一樣，RT比較像是展示空間、影片製造廠和影音片段的取材來源，用它的影片剪輯而成的影音可以透過社群媒體網絡與人際網絡散播，這也是俄羅斯和其他國家建立這些網絡的目的。二〇一六年，美國人就上了一堂關於該網絡運作的速成班。當時總部位在俄國聖彼得堡、由已故的普里格津（Yevgeny Prigozhin）領導的網軍機構「網際網路研究署」輸出了大量專為混淆美國選民而製作的素材。（後來讓普里格津更出名的是他旗下的傭兵華格納集團發動兵變。）多個由俄羅斯人持有的臉書和推特帳號冒充美國人，發布有利於川普的反移民口號，還有偽裝成「黑人的命也是命」運動的假帳號從左派立場攻擊希拉蕊。他們在幾乎沒有穆斯林的地方，人為製造出反穆斯林的狂潮，甚至在臉書上建立名為「保障邊界」的社團，成功煽動出愛達荷州雙子瀑布鎮的反難民運動。

自二〇一六年開始，這種種策略已經蔓延開來。如今，新華社和RT駐非洲辦事處，以及南方電視臺和PressTV都在生產故事、口號、迷因和敘事，宣揚「獨裁者聯盟」的世界觀。它們生產出來的訊息會被許多國家或真或假的社群網絡複述並放大，還會翻譯成多種語言，並針對各地市場重新調整。這些素材大多品質平平，但也比較便宜。使用它們的政客、「專家」和媒體集團則是真假兼具。假的那些有時會隱瞞實際身分，像盜賊政權企業一樣利用可任意捏造的空殼公司，不是用來洗錢，而是用來洗資訊產地。其目標是傳播那些獨裁者在國內使用的相同敘事，將民主牽扯到衰落和混亂，醜化民主體制。不僅誣衊那些推動民主的人士，也誣衊民主制度本身。

* * *

二〇二二年二月二十四日，俄羅斯入侵烏克蘭後，關於生化戰的荒謬傳聞隨即在網路上瘋傳。俄羅斯國防部和外交部發言人都嚴正宣布，烏克蘭境內有多間美國資助的祕密生物實驗室，一直在進行蝙蝠病毒的實驗。這個故事毫無根據，更別提有多荒唐，當時立刻被多個查核機構證明是假消息。儘管如此，一個曾張貼多個「匿名者Q」*陰謀論消息的美國推特帳戶（@WarClandestine）仍然開始發布此事的相關推文，獲得數千次轉發和瀏覽。#biolab（生物實驗室）成為推特的熱門關鍵字標籤，瀏覽量超過九百萬次。即使在該帳號被停權後（後來發現該帳號屬真人所有，用戶是一名美國陸軍國民警衛隊的退役軍人），大家仍繼續發布螢幕截圖。這故事的其中一個版本出現在網站「資訊戰」(Infowars)，這是由瓊斯（Alex Jones）創設的陰謀論網站，他因宣揚關於桑迪胡克小學校園槍擊悲劇的陰謀論，被控告後敗訴。**當時仍是福斯新聞主持人的卡爾森（Tucker Carlson）也播放了俄羅斯將領和中國發言人多次指控的影片，要求拜登政府「停止說謊，告訴我們實際情況」。

中國官媒在中國政府支持下，大幅報導這則消息。中國外交部發言人呼應俄羅斯外交部發言人的說法，宣稱美國控制了烏克蘭的二十六間生物實驗室：「俄羅斯在軍事行動中發現，美國利用這些設施實施生物軍事計畫。」新華社刊登了數則新聞，包括「美國領導的生物實驗室對烏克蘭等地的人民構成潛在威脅」以及「俄羅斯敦促美國解釋烏克蘭生物實驗室的目的」。美國多位外交官強烈駁斥了這些說法，然而中國還是繼續散播，與中國簽訂內

* 譯註：「匿名者Q」（QAnon）運動崛起於川普執政期間的二〇一七年，最初圍繞著一套由「匿名者Q」編造的故事，聲稱美國政商與媒體界有眾多敬拜撒旦的戀童癖菁英，運作著全球性的戀童癖網絡，且意圖推翻川普。

** 譯註：美國康乃狄克州桑迪胡克（Sandy Hook）小學二〇一二年發生槍擊案，造成二十名孩童與六名教師喪命。知名極右翼陰謀論者瓊斯在他主持的電臺節目上多次宣稱，本案是槍枝管制倡議者策畫的「騙局」。受害者家屬聯合控告後，二〇二二年陪審團裁決瓊斯須賠償近十億美元。

容共享協議的亞洲、非洲和拉美媒體也一樣，南方電視臺、Press TV和RT的各種語言版本亦然。

說這套故事對中國的好處很明顯，因為它打泥巴仗攪渾了近年的歷史，幫助中國降低了調查自家危險生物實驗室的必要性，其中包括可能是Covid-19疫情真正源頭的武漢實驗室。「匿名者Q」這個網絡本來就有不少擁護者宣揚反疫苗陰謀論，也很可能受到生物戰陰謀論吸引，因為它符合「匿名者Q」不實宣稱美國醫療充斥弊端的敘事。這三個假消息來源（俄羅斯、中國和抱持極端主義的美國人）也在其他主題上沆瀣一氣。俄羅斯入侵烏克蘭後，他們重覆宣揚俄國關於這場戰爭的一切政治宣傳，包括描繪烏克蘭人是「納粹」、宣稱烏克蘭是美國中情局操縱的傀儡國家等。之後這些主題逐漸流向食物鏈下游，出現在非洲、亞洲和拉美的媒體及社群。

這樣的聯手操作相當成功，醜化了美國領導下凝聚國際力量支持烏克蘭、制裁俄羅斯的努力。在美國，它也損及拜登政府凝聚美國輿論支持的作為。一項民調顯示，有四分之一的美國人相信生物實驗室的陰謀論是事實。在部分美國人和歐洲人的幫助下，俄羅斯和中國創造了一個國際級回音室，委內瑞拉、伊朗和許多國家則扮演從旁助長的配角。在這個回音室裡，每個人都會多次聽到生物實驗室陰謀論，而且都出自不同來源，每一次聽到的消息都在相互重覆、相互疊加，以建立此事為真的印象。

甚至連一些回音室以外的人，或者那些選擇閱讀的新聞媒體並未和新華社簽有內容共享協議的人，也聽到了這個故事，這是因為獨裁者聯盟還使用其他身分更隱蔽的管道來放大訊息。

其中一條途徑是透過「新聞在場」（Pressenza）這類組織。這是一個成立於義大利米蘭的網站，二〇一四年遷至厄瓜多。「新聞在場」共有八種語言的版本，自稱是「致力於和平與非暴力新聞的國際通訊社」，網站上的確發表了一篇有關烏克蘭生物實驗室的文章。但根據美國國務院全球參與中心的資料，「新聞在場」是一個俄羅斯網站，由三家俄羅斯公司營運。他們在莫斯科寫文章，翻譯成西班牙語，然後依循中國的做法發表於拉丁美洲的「原生」網站，讓它們看起來像是出自於當地。「新聞在場」否認這些說法，該網站自稱烏克蘭裔的記者雅辛斯基（Oleg Yasinsky）做出的回應是攻擊「美國的行星式宣傳機器」，並引用切格瓦拉（Che Guevara）的言論。

「雅拉新聞」（Yala News）和「新聞在場」一樣，也對外宣傳是獨立媒體。這家阿拉伯語新聞機構的註冊地是英國，每天向三百萬追蹤用戶發布精心製作的影片，包括名人專訪。二〇二二年三月，其他媒體在散播有關生物實驗室的說法時，「雅拉新聞」發布了一段影片，呼應了其中一個最聳人聽聞的版本：烏克蘭正策畫用候鳥載運生物武器，讓這些鳥類染病後將牠們送往俄羅斯，讓疫病四處散播。

這個荒謬的謠言並非「雅拉新聞」自創，而是俄羅斯官媒首先發布，再由俄羅斯衛星通訊社阿拉伯語版和RT阿拉伯語版跟進。俄羅斯駐聯合國大使發表了一篇關於「生物鳥醜聞」的官方聲明，內容一本正經且相當冗長，警告「烏克蘭生物製劑不受控制地傳播，恐對歐洲國家的民眾形成迫切的生物危害」。有些人大笑以對：二〇二二年四月，澤倫斯基總統在基輔受訪時向我和同事說，生物鳥的故事讓他想到 Monty Python＊的一個橋段。作為一家自稱「獨立」的內容出版商，「雅拉新聞」應該要對這個備受譏嘲、已被許多人揭謊的故事進行事實查核。

但「雅拉新聞」根本不是新聞機構。BBC就曾報導過，「雅拉新聞」是一間「資訊洗白業者」，它的存在是要散播及宣傳RT和其他俄羅斯機構製作的素材。「雅拉新聞」聲稱俄羅斯在布查屠殺烏克蘭平民是編造演出，宣稱電視上的澤倫斯基看來已經喝醉，也宣稱烏克蘭軍人正在逃離前線。儘管該公司的註冊地址位在倫敦（是一個和另外六萬五千家公司共同使用的通

＊ 譯註：此處是指英國喜劇團體Monty Python的電視喜劇《蒙提派森的飛行馬戲團》（*Monty Python's Flying Circus*）。

信地址），但它的「新聞團隊」總部卻設在敘利亞大馬士革郊區。該公司執行長是一名住在杜拜的敘利亞商人，他接獲ＢＢＣ詢問時，只是重申他關於「新聞中立」的說法。

為何要費心遮掩該公司和俄羅斯、敘利亞的關係？原因相當實際：只要名義上是「英國籍」公司，雅拉新聞就能躲過各國針對敘利亞和俄羅斯的制裁，可在臉書和其他社群平臺發布影片。但這種「英國籍」身分也可能是為了讓它發布的影片具備正當性，讓影片和生產它們的來源地脫離關係，並且讓那些對一切正規媒體來源都高度存疑的人更容易相信。

雅拉新聞並非這個特殊領域裡唯一的詭異成員。另一個成員是「非洲倡議」（African Initiative），這是一個二〇二三年成立的網路新聞社，專門傳播關於西方在非洲公衛工作的陰謀論。這間新聞社打算大舉抹黑西方醫療慈善事業，首先散播的謠言是關於一種推測經由蚊子傳播的新病毒。它的目的是要醜化來自西方的醫生、診所和慈善人士，營造一種不信任西方醫學界的氛圍，就像俄羅斯在疫情期間營造不信任疫苗的氛圍一樣。美國國務院全球參與中心也找出了這個新聞社的俄籍領導人，並指出「非洲倡議」有數名員工是來自華格納集團，*成立了兩間分社，分別設在馬利與布吉納法索。

俄羅斯在歐洲的類似網站則名為RRN——這間公司的名稱是首字母縮寫，最初的全名是「可靠的俄羅斯新聞」(Reliable Russian News)，後來改為「可靠的近期新聞」(Reliable Recent News)。RRN成立於俄羅斯入侵烏克蘭之後，調查人員稱它是大型資訊洗白行動「分身」的一部分，主要任務是「域名仿冒」：專門註冊與正版媒體網址近似的域名，例如和路透社網址「Reuters.com」相似的「Reuters.cfd」，它也成立那些名稱聽來正當的網站，

* 譯註：華格納集團即曾與普丁關係密切的俄羅斯大亨普里格津創立的傭兵集團，名稱源於德國作曲家華格納（Wilhelm Richard Wagner）。該集團參與俄羅斯對烏克蘭的戰爭，於二〇二三年六月因不滿俄國國防部指揮而發起兵變。兵變雖於一天內結束，但普里格津兩個月後墜機身亡。

例如法文網站Notre Pays（意為「我們的國家」），但實際目的是要欺騙讀者。RRN非常多產，它短暫存在的期間，就在歐洲、中東和拉美成立了三百多個網站。這些網站的連結會被拿來貼在臉書、推特、TikTok和其他社群媒體上，讓這些社群貼文看起來可信。人們快速滑著這些社群媒體頁面時，可能不會注意到某則新聞的標題是連結到假冒的Spiegel.pro網站，而非正版的德國《明鏡週刊》網站Spiegel.de。

「分身」行動是由俄羅斯境內多家公司操作（其中某些公司也和「新聞在場」網站有關聯），它做各式各樣的事情，包括經營一個假的事實查核網站、發布假的北約新聞稿（字體和正版新聞稿一致）、「揭發」北約領導人打算派烏克蘭準軍事部隊去法國鎮壓反年金改革示威等。同年十一月，那些法國政府研判與「分身」有關的人員甚至在巴黎到處噴繪象徵猶太人的大衛之星，將它們拍下來上傳社群媒體，意圖擴大法國社會因加薩戰爭而產生的分歧。

二〇二三年秋天，RRN創始團隊的某些成員也在美國境內展開了一個計畫。在拜登政府提出一項金額龐大的軍援烏克蘭法案後，這些俄羅斯策士指示員工「以大城市郊區居民之名」建立社群貼文。《華盛頓郵報》報導，他們要偽裝成「一個不支持美國軍援烏克蘭，且認為這些錢應該用於保衛美國邊境而非烏克蘭邊境的美國人，這些美國人認為拜登的政策將導致美國走向崩潰」。之後幾個月，某些社群網站確實充斥這類貼文，還有關於烏克蘭如何腐敗的內容。其中一則廣為人知的貼文聲稱澤倫斯基總統擁有兩艘私人遊艇，與事實完全不符。

這項計畫再次連結到「美國或烏克蘭等民主國家都混亂又腐敗」這類想法，很對美國共和黨某一部分人士的胃口，俄羅斯這波攻擊因此頗為成功，某些不實消息就此流傳開來。共和黨參議員提里斯（Thom Tillis）接受電視臺採訪時就表示，在國會辯論援助烏克蘭的法案時，他的某些同僚就是讀了這些不實消息，因此擔心「有人會拿這筆（援助）資金去買遊艇」。來自俄亥俄州的共和黨籍聯邦眾議院情報委員會主席透納（Michael R. Turner）則向另一名訪問者說：「我們看到俄羅斯直接企圖掩蓋那些反烏克蘭、親俄羅斯訊息的散播來源，我們甚至可以在眾院聽到有人發表這些訊息。」

儘管如此，絕大多數看到並複述這些觀點的人，都不知道這些觀點是出自於誰，也不知道它們產生的源頭和原因。這就是重點：無論ＲＲＮ及其眾多姐妹組織做的事情有多草率，背後都有一套邏輯。「獨裁者聯盟」的其他成員正在學習和複製這套邏輯。

＊＊＊

二〇一八年，一場颱風導致數千人滯留在日本大阪附近的關西國際機場。其中有一些是來自臺灣的遊客。一般情況下，這則新聞可能沒有太多政治意涵。但事件發生數小時後，一個不起眼的臺灣新聞網站開始發出報導，宣稱臺灣的外交官未能救助本國公民。一些部落客也開始在社群媒體發文，熱烈讚揚中國官員派出巴士，幫助中國公民迅速脫困。他們宣稱有些臺灣遊客為了搭上中方巴士而假裝是中國人。關於這起事件的議論就此蔓延，號稱在機場拍攝的照片和影音開始流傳。

消息迅速傳布到臺灣的主流媒體上。媒體記者攻擊政府：為什麼中國外交官如此迅速有效率的採取行動？為什麼臺灣外交官如此遲鈍而無能？多家臺灣媒體稱此事讓國家蒙羞，特別是這個國家的領導人還宣稱不需要中國的支持。相關新聞的標題包括：「要搭巴士得裝成中國人」和「臺灣人搶搭中國巴士」。新聞熱潮最盛時，怒氣沖沖的報導和社群媒體的抨擊席捲而來，一位臺灣外交官顯然忍受不了撲天蓋地的批評和失敗的恥辱感，自盡身亡。

後續的調查則發現了一些怪異的事實。很多積極發布相關貼文的社群用戶都不是真人，他們的相片都是合成影像。最早發布這個故事的不起眼網站原來與中共有關。相關影片也是假的。最詭異的是，日本政府後來證實，中方巴士並沒有到關西機場接人，因此臺灣官員並無失職之處。

然而，臺灣官員看似失職一事，卻遭到真正的臺灣記者和新聞主播強烈抨擊，特別是那些想藉此攻擊臺灣執政黨的人，這正是中國政治宣傳的意圖。社群媒體的匿名性、來源不明的「新聞」網站大量出現及臺灣政治的兩極化都成為利器，被用來推廣中國政權最喜歡的論述之一：臺灣的民主體制很衰弱，中國的專制獨裁很強大；遭遇緊急情況時，臺灣人會想當中國人。

直到不久以前，俄羅斯洗白資訊的手法和中國的政治宣傳還相當不同。中國的政治宣傳原本不太碰觸美國政治和美國的資訊空間，除非是宣傳中國的成就，或中國對於西藏、新疆和香港的敘事。中方宣傳戰對臺灣的攻擊也都經過精心設計，有時還會將資訊戰與軍事威脅、經濟制裁結合實施。相形之下，俄羅斯的宣傳戰則漫無章法，比較像是幾名電腦駭客亂槍打鳥，看看哪個誇張的故事能產生效果。

如今，中俄兩國的戰術已漸趨同化。二〇二三年，夏威夷茂宜島發生慘列野火，中國網軍利用人工智慧生成圖片，假稱可證明野火是由美國的祕密「氣象武器」所製造。這些陰謀論並未獲得太多注意，但突顯了一個值得注意的新階段：中國正在實驗俄羅斯的做法，並仿效俄式風格建立網絡，或許還準備採取進一步的破壞行動。二〇二四年春天，一群原本用中文發布親中資訊的中國帳號開始以英文發文，使用ＭＡＧＡ的象徵符號，*並攻擊拜登總統。他們張貼拜登身穿囚服的虛構照片，嘲笑他的年紀，還說他是崇拜撒旦的戀童癖。一個與中國有關聯的帳號轉發了ＲＴ的影片，內容又是那個謊稱拜登派新納粹罪犯赴烏克蘭作戰的謠言。瓊斯在社群媒體轉發這則謊言，觸及超過四十萬人。

不是只有他們懷有跨地域發揮影響力的野心。位於委內瑞拉的真人和機器人社群帳戶，就對二〇一八年墨西哥總統大選發揮了小而微妙的作用，助

* 譯註：川普的代表性口號，意即「讓美國再次偉大」。

推歐布拉多（Andrés Manuel López Obrador）的選戰。值得留意的訊息有兩種：一種是宣傳墨西哥暴力混亂的形象（這些形象可能讓民眾覺得，需要一個強人領導者來重建秩序），另一種訊息則是憤慨反對北美自由貿易協定，更廣泛來說就是反美。委內瑞拉網軍和親俄網軍（一位分析家稱他們是「殭屍帳戶大軍」）也在西班牙共同運作，最受矚目的是在二〇一七年加泰隆尼亞舉行非法獨立公投期間。這次公投是由分離主義的加泰隆尼亞自治區政府主辦，在西班牙法律中並無法源依據，公投期間頻頻發生示威與警民衝突，RT將衝突描述為「警察在加泰隆尼亞公投中殘暴鎮壓選民」。利用這類標題，再加上「加泰隆尼亞在警棍與橡膠子彈中自決」等宣言，這些網軍貼文觸及的受眾比西班牙國家電視臺還要多。

在墨西哥和加泰隆尼亞的案例中，這些微小且低成本的社群運作多少會有幫助，應該都被視為划算的投資。歐布拉多當上總統後，將民用事業移交軍方、破壞司法獨立，還以其他種種方式削弱墨西哥的民主體制。他也宣傳俄羅斯關於烏克蘭戰爭的敘事，以及中國關於維吾爾人受打壓的官方說詞。墨西哥與美國的關係變得更加棘手，這無疑是前述種種作為的目的之一。

加泰隆尼亞的故事後續則更長也更複雜。在西班牙政府拒絕承認非法公投的結果之後，加泰隆尼亞自治區前主席普伊格蒙特（Carles Puigdemont）逃離了西班牙。二〇一九年，他派代表艾雷（Josep Lluís Alay）訪問莫斯科。根據《紐約時報》報導，這名特使向俄羅斯政府尋求協助，要建立多個祕密的銀行帳戶和企業，為支持獨立的行動籌資。幾個月後，加泰隆尼亞發生了一場未經組織的詭異示威，一個據稱由俄羅斯情報部門支持的抗議團體占領了一家銀行、迫使一座機場關閉，並封鎖了法國和西班牙之間的主要高速公路。

在這兩個案例中，俄羅斯和委內瑞拉的網絡都沒有創造任何新事物。歐布拉多完全是從墨西哥本地崛起的人物，在墨西哥政壇有深厚資歷，並非突然空降或由俄羅斯扶植的政客。西班牙內部的歧異也有久遠歷史，並非憑空捏造，支持和反對加泰隆尼亞獨立的勢力都存在已久。法國同樣存在反猶太主義，以及更廣泛的反體制情緒。這也同樣成為目標：獨裁政權發動的資訊戰會誇大政治中常見的歧異與憤怒不滿，他們會花錢收買或宣揚那些最極端的聲音，希望讓它們更加極端，甚至是更加暴力；他們要激發民眾質疑政府、質疑掌權者，到最後則是質疑民主體制本身。

在積極製造混亂的過程中，這些新的政治宣傳者會像他們的領導人一樣，利用一切可能有用的意識形態、可能有用的科技，也操弄一切可能有用的情緒。發揮破壞力的工具可以是右翼、左翼、分離主義或民族主義，還可能以散播醫學領域的陰謀論、引發道德恐慌等形式出現。唯有目的不變：獨裁者聯盟就是想要改寫國際體系的規則。

第四章　改變制度

在我解釋獨裁政權如何企圖終結當前的國際體系之前，有必要回顧這套體系是如何開始的。

一九四六年，在戰後初期世界仍洋溢樂觀情緒的時刻，剛成立的聯合國創立了人權委員會。這個委員會由美國故總統羅斯福的遺孀艾蓮娜（Eleanor Roosevelt）擔任主席，開始起草《世界人權宣言》。最初的起草委員會包括一位加拿大法律學者、一位法國法理學家、一位黎巴嫩神學家和一位中國哲學家，蘇聯、英國、智利、澳洲等國也派代表參與。到了起草後期，印度代表梅塔（Hansa Mehta）提出的主張獲得採納：她認為宣言第一條不能只寫成「所有（男）人生而自由平等」（all ***men*** are born free and equal），而是應聲明「所有人類生而自由平等」（all ***human beings*** are born free and equal）。參與起草的人士各自受到基督教民主運動、儒家思想、自由主義法律傳統及不斷發展的國際法影響，但非比尋常的是，他們都相信「普世人權」確實可能存在，而且是一套所有文化、所有政治體制通用的原則。

《世界人權宣言》一九四八年獲聯合國大會通過時，蘇聯投下了反對票，蘇聯的幾個衛星國亦然。但聯合國絕大多數新成員（非洲、亞洲、拉美國家，以及北美與歐洲國家）都投贊成票。宣言闡述：「對人類家庭所有成員的固有尊嚴及其平等、不移之權利的承認，乃是世界自由、正義與和平的基礎。」它也體認到「對人權的無視和霸凌已發展為野蠻暴行，這些暴行玷汙了人類的良心」。宣言也列明其他多項原則，包括「人人有權享有生命、自由和人身安全」，任何人都不應被「任意逮捕、拘留或放逐」，酷刑和奴役都應遭到禁止。宣言中還正式宣告：「任何人的私生活、家庭、住宅和通信不得任意干涉，他的榮譽和名譽不得加以攻擊。人人有權享有法律保護，以免受這種干涉或攻擊。」*

這些概念成為多項條約及多邊體制的基礎。承認歐洲邊界不可侵犯、正式終結二戰的條約《赫爾辛基最終議定書》聲明，簽署國「將促進並鼓勵有效行使公民、政治、經濟、社會、文化和其他領域的權利與自由，這些權利與自由都源於人類的固有尊嚴」。《美洲國家組織憲章》則宣稱「代議制民主是本區域穩定、和平與發展的必要條件」。

實務上，這些文件及條約（有時統稱為「基於規則的秩序」）一直都是描述世界應該如何運作，而不是它事實上如何運作。聯合國《防止及懲治滅絕種族罪公約》並未阻止盧安達發生種族滅絕，《日內瓦公約》無法阻止越南人虐待美國戰俘，也沒能阻止美國人虐待伊拉克戰俘；《世界人權宣言》

* 譯註：本章《世界人權宣言》內容中譯大多擷取自聯合國官網。

的簽署國裡就有眾所周知的侵犯人權國家，包括中國、古巴、伊朗和委內瑞拉。早在許久之前，聯合國人權委員會就已淪為鬧劇一場。

儘管如此，這些文件仍能影響真實世界的行為，而且至今依舊。一九六〇年代，蘇聯異議人士懂得指出克里姆林宮簽署條約中有關人權的內容，藉此讓政府難堪。二十一世紀頭十年，違反《日內瓦公約》而虐待伊拉克戰俘的美國人會被送上軍事法庭，遭定罪且判入軍事監獄服刑。二〇二二年，聯合國人權事務高級專員發布報告，條列記錄中國政府對維吾爾人的騷擾行為，指其大規模逮捕和酷刑之舉已構成「危害人類罪」。中方反應一如預期，稱這份文件是「拼湊虛假消息，充當美國和其他西方國家的政治工具」，但他們無法讓這份報告從國際媒體消失，恐怕也無法避免它在中國出現迴響。二〇二三年，國際刑事法院對普丁和俄羅斯兒童權利專員貝洛娃（Maria Lvova-Belova）發出逮捕令，罪名是綁架與驅逐數千名烏克蘭兒童。儘管俄羅斯當局對此案表示輕蔑，但逮捕令意味著俄羅斯總統若訪問《國際刑事法院規約》簽署國，就會面臨被捕風險。

這些獨裁國家無法防止這類決定出現，或至少無法全面防堵，因此它們開始帶頭讓相關詞令徹底消失在國際舞臺。過去十多年間，在西方領導人分心解決其他種種問題時，逐步改寫國際規則成了中國外交政策的核心支柱之一。在二〇一七年的中共全國代表大會上，習近平公開宣示已進入「中國特色大國外交」的「新時代」。在這個新時代（也就是「中華民族偉大復興」的時代），中國尋求「積極參與全球治理體系改革」。實務上，這表示中國要帶頭讓國際組織不再使用人權、民主等措詞。法律學者暨中國問題專家吳爾登（Andréa Worden）曾寫道：「中共要取得領導世界新秩序所需的道德正當性、尊重和認可，就必須消除西方普世人權帶來的威脅。」

人權是由外部組織和獨立機構監察，而且是可以依據國際標準衡量的，於是中國希望將發展權置於人權之上，因為發展權只能由政府定義衡量。中國也高度依賴主權一詞——這個詞隱含多重意義，某些意義是正面的，但在國際組織的脈絡中，獨裁者會用「主權」一詞來反擊外界對其政策的批評，無論這些批評是來自聯合國機構、獨立人權監察員或本國公民。有人抗議伊朗政權實施法外謀殺時，伊朗教士們會高喊「主權」；有人反對中國政府鎮壓香港群眾時，中國也大談「主權」。若有人引用《世界人權宣言》第一條著名的那句「人人生而自由，在尊嚴和權利上一律平等」，倡議「主權」的專制國家就會斥之為西方帝國主義擴張的證據。俄羅斯總統普丁則在這個詞的一般用法之外新增另一種變化。在他的定義中，主權也涵蓋對內虐待國民、對外侵略他國的權利，而且只有極少數大國才享有主權。他在二〇一七年說過：「世界上擁有主權的國家並不多。」那次談話的前後文闡明，他認為俄羅斯是主權國家，歐洲國家則不是。

為了維護主權，中國也設法改變其他類別的詞令。中國不希望聯合國及其他國際組織談論「政治權利」或「人權」，而是談論合作共贏——意思是各國只要維持自己的政治體制，就能皆大歡喜。他們也希望各國都能相互尊重——意思是任何國家都不應批評他國。這些詞彙都刻意顯得平淡無奇而不具威脅性：有誰能反對「合作共贏」或「相互尊重」呢？

儘管如此，中國人仍然極力（而且是顯而易見地使力）把這些詞彙塞進聯合國文件裡。只要讓相互尊重、合作共贏和主權這些概念充斥，那麼人權倡議者、國際調查委員會或任何對中國在西藏、香港或新疆政策的公開批評，都很難再發揮作用。聯合國調查成員國的職權本就有限，如此一來只會受到更多限制。

中國尋求改變的是各國外交官和官員在聯合國內部的討論內容，俄羅斯則主要試圖改變世界各地的輿論。如果「共贏」聽起來不錯，俄羅斯各種資訊網絡現在更常用的「多極化」可能更有吸引力。多極化的世界一定是公平公正的，不同於以美國為中心的世界（也就是他們一心想革除的美國霸權）。這個詞效果奇佳，因為它常用於不帶立場地表達「具國際影響力的國家多於以往」的概念，而這點確實是精準的觀察結果。聯合國祕書長古特雷斯

（António Guterres）二〇二三年就曾說：「我們正走向多極世界。」這個概念並不新穎，美國記者札卡瑞亞（Fareed Zakaria）逾十五年前就出了一本關於「他國崛起」的書，描述全球新興強權的力量正逐漸壯大。

近來在俄羅斯宣稱普世價值已經終結的敘事中，「多極」一詞也獲得隱含馬克思主義的迴響，彷彿曾受壓迫的國家即將消滅壓迫者。為了體現這個概念，本身就是殖民強權的俄羅斯自詡為前殖民地的領導力量，呼籲對抗西方強行要求的「頹廢」及「全球化」價值觀——分析家克萊什奇（Ivan Klyszcz）形容這是一種「救世主式多極化」。二〇二二年九月，普丁舉行儀式慶祝他非法併吞烏克蘭南部和東部，當時他沒有提及被他折磨或關押在集中營裡的人，而是自稱在保護俄羅斯不受「信仰撒旦」的西方和「導致墮落與滅絕的變態分子」殘害。幾個月後，普丁在莫斯科一次集會上說：「如今我們不僅是為俄羅斯的自由而戰，還是為全世界的自由而戰。我們公開指出，單一霸權專制統治的世界已衰敗不堪（我們看到了，如今大家都看到了）。它已陷入亂局，就像人們說的那樣，而且威脅到我們周圍的國家。」

真正諷刺的是，對俄羅斯周圍所有國家構成實際威脅的就是俄羅斯自己，也因此俄羅斯的大多數鄰國都在加強武裝（包括近期的瑞典和芬蘭），*準備反抗俄羅斯的殖民占領。這種反殖民論調也在其他地方形成諷刺效果。二〇二一年以來，華格納集團的俄羅斯傭兵一直在協助馬利維持軍事獨裁政權，他們被控實施就地處決、對平民施暴、搶劫財產等。在當今的馬利，「多極化」意味著殘暴的俄羅斯白人暴徒在公共生活中占據重要地位，就像在烏克蘭一樣。然而，馬利的親俄羅斯網站《馬利新聞》（Mali Actu）卻向讀者鄭重解釋：「在一個日益多極化的世界裡，非洲將扮演日益重要的角色。」

* 譯註：二〇二二年二月俄羅斯入侵烏克蘭後，其鄰國芬蘭、瑞典均終結維持逾七十年的不結盟原則，先後加入北約。

說它諷刺也好、邪惡也罷，多極化現已成為俄羅斯政治宣傳戰的基礎，在RT的英語、法語、西班牙語、阿拉伯語版網站上系統性地傳播，「雅拉新聞」等洗白資訊網站也不斷轉述，再經由上千個傳播管道、智庫、有償和無償的親俄記者，以及「獨裁者聯盟」其他發言人一再重覆。新華社報導非洲聯盟加入二十國集團（集結全球最大經濟體的會議）時，盛讚這是「多極世界強勢崛起的證據」。中國環球電視網則在網站刊登的一篇文章裡，加入了屠殺本國人民的敘利亞獨裁者阿薩德的照片，向讀者宣稱「中國外交為多極世界注入新活力」。委內瑞拉總統馬杜洛則說過「多極化、多中心的世界是我們渴望建立的，也是我們將舉著奮鬥的旗幟，與全世界人民團結一致爭取」；馬杜洛訪問中國時，也曾在推特表示此行將「加強合作關係，建立新的全球地緣政治」。北韓也曾表示希望與俄羅斯合作，「建立『新的多極化國際秩序』」。伊朗時任總統萊希（Ebrahim Raisi）二〇二三年訪問拉美最重要的三個獨裁國家委內瑞拉、古巴和尼加拉瓜，表示此行目的是「反對帝國主義和單邊主義」，意思是要強化這三國反對民主和普世人權的力量。

這些帶頭攻擊人權、人類尊嚴、法治等論調的國家，也在慢慢建立他們自己的組織。上海合作組織的成員國，包括中國、印度、哈薩克、吉爾吉斯、俄羅斯、巴基斯坦、塔吉克、烏茲別克在內（阿富汗、白羅斯、伊朗和蒙古具有觀察員地位），一致同意承認彼此的「主權」，不批評對方的獨裁作為，不干涉對方內政。「金磚國家」（BRICS）也在自我轉型為替代現有秩序的國際組織，不僅定期開會，還納入新成員。（BRICS為巴西、俄羅斯、印度、中國、南非五國國名縮寫，該名詞最初由高盛經濟學家提出，用於描述新興市場的商機。）二〇二四年一月，伊朗、沙烏地阿拉伯、埃及、阿聯與衣索比亞受邀加入，讓金磚國家更添以俄、中主導新世界秩序的意味。

金磚國家和上海合作組織等機構，有時被認為只是成員國領袖找藉口每年大拜拜合照，不具實際功能。但它們的確代表了某種實質意義。雖然參加這些會議的領導人不全是獨裁者（尤其是金磚國家並無一致的政治立場），但很多人想利用這些機構，將他們在國內享有的那種無上權力傳播到世界各地。如果舊的世界體系是要灌輸「法治」（rule of law），這些新的組織機構就是要推廣「以法律為治國工具」（rule by law），後者相信「法律」全由現任獨裁者或執政黨領袖說了算，無論是在伊朗、古巴或世界其他地方。就如同舊的普世人權體系確實影響了各國的實際行為，新的體系也會起到同樣效果。

* * *

讀到「國際法」或「人權」兩字時，民主世界的人們或許仍有距離感，不覺得受到直接威脅。想當然耳，他們身處的政治制度肯定能保護生活在其中的人民，不像俄羅斯、古巴等違法行為猖獗的地方；想當然耳，仍有某些規則和規約是國際社會一致認同的，例如海洋法，或約束飛航管制員所作所為的規範。但二〇二一年，白羅斯獨裁領袖盧卡申科耍了一個前所未見的怪招，粉碎了前述基本假設。他要求白羅斯的飛航控制主管讓愛爾蘭瑞安航空（Ryanair）旗下一架客機改道。這架航班從希臘雅典起飛，前往立陶宛維爾紐斯，出發地與目的地都是歐盟國家，但當時正穿越非歐盟國家白羅斯的領空。白羅斯飛航管制員向該航班的機師謊稱機上有炸彈。據白羅斯官媒報導，這架飛機隨後由一架米格戰機「護送」到白羅斯首都明斯克。

事實是，機上根本沒有炸彈，炸彈威脅是假的，甚至當時距離該機最近的機場也不在明斯克。飛機降落後，沒有人趕去救援乘客。唯有當機上的兩名乘客被帶走後，白羅斯耍這個花招的真正意圖才終於浮現：這兩人是白羅斯反對派部落客兼記者普洛塔塞維奇（Roman Protasevich）及其女友蘇菲亞（Sofia Sapega）。普洛塔塞維奇是Telegram上的Nexta部落格頻道創始編輯之一，二〇二〇年明斯克發生大規模反政府示威期間，該頻道是最重要的公眾資訊來源之一。之後他逃往國外，過著流亡生活，白羅斯政府在他本人缺席的情況下宣告他是「恐怖分子」。當飛機開始下降時，他已察覺自己就是政府的目標，於是向另一名乘客說：「我要面對的是死刑。」白羅斯政府最後並未將他處死，卻讓他遭受殘酷的訊問、獨囚與酷刑，就像該國許許多多政治犯一樣。最後他演了一齣荒誕的電視認罪，和朋友斷絕關係，也拋棄了蘇菲亞，為了保住自己的性命。

盧卡申科不惜以虛假藉口扣留一架由歐洲公司擁有、在歐盟國家註冊的飛機，不惜對這架飛機的安全帶來潛在危害，而且飛機所載乘客大多為歐洲公民，更是從一個歐盟國家飛往另一個歐盟國家。這表示盧卡申科已準備和歐洲徹底決裂，而且對於來自獨裁世界的經濟和政治支持極具信心。他的信心絕非憑空而來。雖然西方在劫機事件後照例抗議，雖然白羅斯國家航空公司被禁止進入歐洲領空，但盧卡申科本人並未付出更多代價。沒有國際組織懲罰得了他，也沒有國際組織能讓普洛塔塞維奇獲釋。這個白羅斯獨裁者還有「主權」和他眾多朋友的保護。事件發生後，RT總編輯在推特發文說，這起劫機事件讓她「羨慕」白羅斯，盧卡申科「幹得漂亮」。另一名俄羅斯高官則稱這次劫機事件「可行且必要」。

這應該是首次有獨裁政權濫用飛航管制程序來綁架異議人士，但這並非獨裁政權首次跨越國境騷擾、逮捕或殺害本國公民。人權組織「自由之家」將這種做法稱為「跨國鎮壓」，已蒐集六百多個案例，其中有些罪行是由情報人員或暗殺者所為。俄羅斯聯邦軍隊總參謀部情報總局的人員，就曾在英國倫敦和索爾茲伯里（Salisbury）以放射性毒藥與神經毒劑毒害克里姆林宮的敵人——結果他們謀害的目標逃過死劫，卻導致一名英國婦女意外被謀殺。俄羅斯政府派出的另一名殺手則在柏林市中心謀殺了一名前車臣戰士。在印度、法國南部和美國華盛頓特區，都有俄羅斯的批評人士和企業高層離奇喪命，從樓梯或窗戶墜落。過去四十多年間，伊朗伊斯蘭共和國也殺害或試圖殺害眾多伊朗流亡人士，除了在歐洲多國（丹麥、法國、德國、荷蘭、瑞典、英國），也在中東、拉美與美國，過去十年的案例更是大幅增加。二〇二三年一月，美國政府起訴一個犯罪集團的三名成員（分別來自亞塞拜然、俄羅斯和喬治亞共和國），指控他們密謀殺害曾直言批評伊朗政權的美國公民阿琳娜嘉德（Masih Alinejad），地點是她位於紐約布魯克林的住家。

獨裁國家有時會在這些行動中相互支援，讓自己顯得稍具正當性。例如，上海合作組織成員國達成共識，要共同打擊恐怖主義、分離主義和極端主義，各國一致承認彼此對這些詞彙的定義。實務上，這表示若中國認定一名流亡公民是罪犯，那麼俄羅斯、哈薩克或其他成員國都會將此人驅逐回中國。然而，這些定義已開始適用於更多國家，包括一些感受到中俄壓力的混合式民主國家。泰國並非上海合作組織成員國，但曾經拘留俄羅斯異議人士，也曾將維吾爾人驅逐回中國。土耳其直到不久前還出於某種兄弟情誼支持維吾爾族（他們都是穆斯林，而且都使用突厥語系語言），如今也開始逮捕並驅逐維吾爾人。一名維吾爾族異議人士曾說：「只要你反抗中國，無論你在何處，在他們眼中都是威脅。」

中國也密切追蹤海外僑民，無論他們在世界哪個角落。中國特務會造訪住在美國與加拿大的中國民主運動人士，或遊說或恐嚇，就是要他們回國；有些僑民還遭遇電話或網路威脅。魏京生基金會（名稱源於中國著名民運人士）的執行主任黃慈萍告訴我，過去十年間，基金會位在華府的辦公室曾被闖入十餘次。舊電腦不見了，電話線被剪斷，信件也被扔進馬桶，想必是要讓這些民運人士知道有人在盯梢。二〇二三年，聯邦調查局逮捕了兩人，指控他們在紐約市經營一處違法的中國「警察站」——這是中國國安官員設在海外多地的辦公室，用於監視中國公民和異議人士。荷蘭政府表示，該國境內也發現了兩處違法的中國警察站，此外還有許多相關報導和傳言。

一些比較小的獨裁國家紛紛仿效。二〇二四年二月，四名冒充智利警探的男子闖入流亡智利聖地牙哥的前委內瑞拉軍官歐赫達（Ronald Ojeda）家中，將他擄走後謀殺——九天後他被發現時已遭肢解，埋封在一百五十公分厚的水泥之下。盧安達政府在至少六個國家騷擾、攻擊或謀殺流亡的異議人士：在比利時，一名前盧安達政治人物被發現時漂浮在運河上；在南非，一名前軍事領袖腹部遭槍擊。魯塞薩巴吉納（Paul Rusesabagina）在一九九四年的盧安達種族滅絕事件中保護了一千多人，他的故事曾被改編成電影《盧安達飯店》（*Hotel Rwanda*），獲得奧斯卡金像獎提名。魯塞薩巴吉納後來與盧安達總統卡加梅（Paul Kagame）發生衝突，於是遠走異鄉。儘管他住在美國，卻在二〇二〇年上當受騙，自杜拜登上一架私人飛機飛回盧安達首都基加利，下機後立刻遭監禁。即使是混合式民主國家如印度，也開始追蹤住在世界各地的反對派政治人物。二〇二三年，加拿大指控印度特務謀殺了加國錫克教徒領袖尼賈爾（Hardeep Singh Nijjar），並且密謀要在美國殺害另一名錫克教領袖。

發動這些攻擊的主要目的，當然是要消滅、威嚇或壓制流亡的異議人士。這年頭，能言善道的批評者即使人在國外也能發揮影響力，可能是透過YouTube頻道、WhatsApp群組，也可能只因為他在政權的種種作為下仍忠於信仰，成了一種希望象徵。跨國鎮壓也會削弱那些犯罪發生地的法治情況。這些國家的警察會逐漸習慣這些暴力行徑，畢竟它影響的大多是外國人。同情這些外國流亡人士或其目標理想的政府官員，也會逐漸對他們被騷擾的情況無感或漠不關心，畢竟他們還有其他事要做。當地媒體不會曝光這些消息，即使有，也只是零星報導。人們會認為根本阻止不了中國、盧安達或伊朗政權，認為這就是這些國家的天性，是它們的本色，而這樣的想法會成為文化習慣的一部分。民主國家會逐漸接受這樣的無法無天，即使在本國境內亦然。這並不令人意外，因為他們也在逐漸接受更大規模的暴力行徑。

二〇一八年九月，聯合國試圖介入緩和敘利亞西北部伊德利布省（Idlib）的情勢。「緩和情勢」是委婉用語：它發生在外交官無法阻止戰爭，但仍試圖拯救人命的時候。敘利亞長年都是戰區，自二〇一一年以來暴力肆虐。那一年，敘利亞獨裁領導人阿薩德出手鎮壓想終結他殘暴統治的和平示威者，內戰隨之爆發。如果不是伊朗政府提供戰士、顧問、情報和軍火；如果不是俄羅斯軍隊在二〇一五年加入衝突，協助敘利亞政權，阿薩德很可能戰敗。如果說委內瑞拉、辛巴威和白羅斯的專制領袖是靠政治宣傳、監控科技與獨裁世界的經濟援助撐腰，阿薩德則是以較為簡單粗暴的方式，仰賴俄羅斯和伊朗的槍彈保住政權。

伊朗和俄羅斯提供軍事支援的動機迥異。伊朗是要取得敘利亞領土的使用權，因為要向附近的伊朗代理人提供軍火和戰士，這些代理人包括黎巴嫩真主黨，以及位在巴勒斯坦、伊拉克和敘利亞本土的哈瑪斯等較小組織。敘利亞和以色列的敵對態勢也符合伊朗的利益。即使阿薩德並不完全支持伊朗這個伊斯蘭共和國的宗教戰爭，但他仍能讓伊朗在中東地區多一個影響力工具、多一股威脅力量，也多一個盟友。

普丁幫助阿薩德的思路更廣。他出手干預，應是因為在敘利亞人民起義前的阿拉伯之春就已讓他膽顫心驚，因為這一切太像他憂心會發生在俄羅斯的「顏色革命」，也因為他想告訴俄國人民：政治動員和政治抗議的結果必將是流血悲劇。普丁也希望俄羅斯能維持與敘利亞長久以來的關係，證明他在中東可以和美國平等競爭。在此兩年前，敘利亞政府動用了由伊朗協助製造的化學武器，時任美國總統歐巴馬雖曾誓言會干預，最後卻拒絕介入。普丁從中發現了機會：既能迂迴攻擊歐巴馬，還能向世人展示他所謂的「多極化」與「世界新秩序」究竟代表什麼。之後幾年間，俄羅斯、敘利亞和伊朗軍隊聯手，竭盡全力破壞所有可能破壞的國際準則與國際法條款。

其中一次測試就發生在伊德利布省。當時，該省是敘利亞反抗軍所剩無幾的占領區之一。聯合國為「降低衝突情勢」，要求所有參戰方避免攻擊醫院和醫療設施，甚至向俄羅斯政府提供了伊德利布各醫院和醫療設施的精確座標，以保護這些建築物。但俄羅斯和敘利亞的戰機飛行員並沒有保護它們，而是利用聯合國提供的坐標將飛彈導引到醫院。當地醫療團隊遭遇一連串直接空襲後，不再和聯合國分享資訊。

這起令人瞠目結舌的事件，原本應該在全世界敲響警鐘。「在今天的敘利亞，不正常的現象已成常態，不可接受的行徑已經被接受。」無國界醫生組織主席廖滿嫦曾這麼說，「這類攻擊事件成為常態，令人無法忍受。」儘管如此，它還是成了常態。歐洲和北美國家完全沒有針對俄羅斯和敘利亞採取特別措施，形同接受了俄羅斯以醫院為攻擊目標。全世界也實際上接受了敘利亞空軍攻擊一支聯合國車隊。聯合國報告稱，這起攻擊「經過精密策畫與殘忍實施」，刻意要阻撓人道物資運送，而且是針對援助機構人員。敘利亞內戰中如此不擇手段的暴力規模，為「伊斯蘭國」（ISIS）這個狂熱邪教的崛起奠定了基礎，為二〇二三年十月七日哈瑪斯對以色列發動的殘酷攻擊奠定了基礎，為哈瑪斯在加薩利用醫院作為掩護奠定了基礎，也為以色列攻擊加薩的醫院和其他民用目標奠定了基礎。聯合國近東巴勒斯坦難民救濟工作署被發現窩藏哈瑪斯戰士時，* 沒有人該感到意外。聯合國先前無法阻止安理會成員違反其規則，此時也無力阻止旗下機構僱員參與目無法紀的暴力行為。

敘利亞內戰也開創了另一種先例：首次有衝突中的一方刻意以國際機構和人道援助工作者為核心焦點，發動戰爭宣傳。源源不絕輸出謊言的手法、克里姆林宮支持的寫手偽裝成記者，以及數千個在其他認知戰中經常出現的社群媒體帳號，都再次被用來抹黑「禁止化學武器組織」**（該組織當時正調查敘利亞使用沙林毒氣和其他化學品的情況），宣稱這些化武攻擊的影片或證據都是偽造或自導自演。

在英美極左派和另類右翼的學者、名嘴、網軍和部落客的推波助瀾下，同一個政治宣傳網絡也成功抹黑了「白盔組織」（White Helmets）。這個組織由三千三百名緊急救護志工組成，他們都是敘利亞平民，在各種炸彈空襲事件後幫忙拯救數萬名敘利亞人，從瓦礫堆裡救出許多生還者。白盔組織的正式名稱是敘利亞民防組織，除了救人，也藉由照片、影片與親歷者證詞記錄了敘利亞政府的各種攻擊。二〇一七年敘利亞政府使用沙林毒氣後，一名白

* 譯註：二〇二四年八月，在以色列針對提出指控後，聯合國證實UNRWA有九名員工可能參與了二〇二三年十月七日哈瑪斯對以色列的武裝突襲行動，並宣布終止九人的僱傭合約。

** 譯註：全名為Organisation for the Prohibition of Chemical Weapons，一九九七年為執行《禁止化學武器公約》而創立，與聯合國密切合作推動禁用及銷毀化武，二〇一三年獲頒諾貝爾和平獎。

盔志工證稱看到許多人「昏厥到完全失去知覺……還有許多顫抖抽搐、呼吸道和口腔冒出白沫的病例」。人們會相信他的證詞，是因為白盔組織成員都是幫助其他市井小民的平民百姓，他們的工作成果建立了人們的信賴感。俄羅斯明白這一點，也因此他們要試圖破壞這種信賴感。他們把白盔和索羅斯（George Soros）與蓋達組織（al-Qaeda）扯在一起，聲稱他們的救援行動是「搬演偽造的」，還把資助他們的人抹黑成恐怖主義支持者。*

俄羅斯針對白盔組織的認知戰觸及了數百萬人，因為俄羅斯的政治宣傳者早就學會了操弄演算法，當時就連社群媒體公司都還不清楚狀況。二〇一八年四月，我在YouTube的搜尋引擎輸入「White Helmets」（白盔），發現前十項搜尋結果的連結中，有七項是RT製作的影片。他們散播懷疑論，質疑是否真有施用化武；即便真有其事，他們也宣稱是敘利亞反抗軍要負責，而不是敘利亞政府。說法自相矛盾的影片數量龐大，同樣是要讓人們以為不可能釐清真相。除了真相，其他價值也岌岌可危。由於白盔讓人們感受到團結、人性和希望，但俄羅斯和伊朗要贏得戰爭，就得讓敘利亞百姓絕望而冷漠，讓世界其他地方的人覺得無計可施。而他們成功了。

時間一久，歐洲人就不再談論敘利亞內戰了。他們關注的是前所未見的敘利亞難民潮，其規模大到足以破壞歐陸的政治穩定，並且影響歐洲各地的多項選舉：從二〇一五年波蘭大選、二〇一六年英國脫歐公投，一路到二〇二四年的歐洲議會選舉。極右派網軍與俄羅斯發起的認知戰，使人們對大量難民湧入更加憂心，幾起重大恐怖攻擊也有同樣的效果（均由根源於獨裁世界的組織，或獨裁世界資助的組織發動）。阿拉伯世界也接受了敘利亞的暴力情況。阿拉伯聯盟原本在二〇一一年驅逐阿薩德政權，因為他向手無寸鐵

＊譯註：英國《衛報》二〇一七年十二月報導，敘利亞伊德利布省當年四月發生化武攻擊，共八十三人喪生，白盔成員拍攝到居民遭攻擊後的畫面。聯合國調查後證實攻擊者是敘利亞政府軍，俄羅斯官媒與多個假新聞網站則不斷質疑調查結果，另類右翼網站「資訊戰」也複述這些陰謀論，稱化武攻擊是由白盔自導自演，並稱白盔是「蓋達組織相關團體，由索羅斯資助」。這些說法皆為不實訊息。

的示威者開槍，到了二〇二三年又歡迎他回歸。這個因為俄羅斯和伊朗出手相救才保住政權的獨裁者，板著臉重新加入阿拉伯聯盟時竟還有臉倡議「不干涉主義」。他說：「將內部事務交由該國人民自行處理非常重要，因為他們最有能力管理本國事務。」

習近平也同意敘利亞內戰的結果，甚至在二〇一六年訪問伊朗，宣布和這個曾經參與摧毀敘利亞的政權建立新的戰略夥伴關係。習近平宣稱，雙方「一致同意將中伊雙邊關係提升為全面戰略夥伴關係」。在此同時，伊朗也提出新的外交政策口號「向東看」，並簽署協議讓中國以折扣價購買伊朗石油，而且允許中國進入伊朗的石化產品、基礎設施、電信與金融市場。這些協議削弱了川普政府對伊朗的制裁效力，而這也是中伊兩國建立全面戰略夥伴關係的目的之一。

除此之外，敘利亞戰爭還開創了新形態軍事交戰的先例。除了俄羅斯正規部隊和伊朗的軍事顧問之外，在部分戰場上還有著為數眾多的代理人和傭兵，以及與這些國家相關但另有資金來源的戰士（某些戰士也另有動機）。其中首要代理人就是華格納集團，這是幾家傭兵組織二〇一四年為赴烏克蘭東部作戰而合組的公司名稱，之後這些傭兵又迅即被派往利比亞和敘利亞。華格納集團打從一開始的資金和補給就由俄羅斯政府提供。俄羅斯除了直接注資，也將政府合約外包給華格納執行長普里格津。由於華格納對外標榜是「私人」公司，俄國當局可以和它的活動及活動參與者畫清界線。如果這些人在戰鬥中身亡，由於不是「俄羅斯正規軍人」，俄國政府不必正式承認他們戰死。華格納的指揮官與俄國正規軍不同，可以在他們運作的地方從事商業交易，取得採礦特許權，或出口當地礦產等貨物，獲利不僅能讓個人享有，也能用來購買裝備與彈藥。

伊朗的代理人也扮演類似角色。真主黨和哈瑪斯就像葉門的「青年運動」（Houthis，音譯「胡塞」）等許多較小的組織一樣，通常被稱為恐怖組織而非傭兵集團，儘管其某些運作方式十分類似。就如「獨裁者聯盟」中的各國並無共同的意識形態，伊朗的代理人和華格納集團之間，乃至於代理人彼此之間的意識形態也不盡相同。不過，伊朗代理人和華格納集團還是有其他相似之處。這些伊朗撐腰的組織就像華格納集團，都會召募專業士兵、維持來源廣泛的商業收入，同時也進行政治宣傳，這一切背後都有伊朗或多或少的支持。真主黨在黎巴嫩擁有一個活躍的政黨，也製作電視劇和節目。哈瑪斯二〇二三年十月攻擊以色列之前，將加薩視為自己的領地，當成一個微型獨裁國家在治理。由真主黨訓練的青年運動不僅控制著葉門的一個地區，也自認是一場全球衝突的參與方，視以色列和美國為主要對手。這些伊朗代理人對一切形式的國際規則抱持同樣的蔑視態度，這種激進主義有時強烈到足以克服他們之間的什葉派、遜尼派之爭或其他宗教分歧。

類似的軍事與財務套裝方案（包括武器、不列入正規紀錄的士兵、政治宣傳人員和顧問），現在也提供給其他國家。華格納傭兵在二〇二一年抵達馬利，他們是接受當時剛發動政變的軍政府邀請，前往取代長年協助打擊激進伊斯蘭叛亂的法國等多國部隊。其實在政變前，馬利就已出現親俄媒體、親俄組織及針對法國和聯合國的俄式假訊息攻擊。政變發生後，俄國企業已在馬利取得許多資產的使用權，包括三座金礦的開採權。

中非共和國總統也邀請華格納傭兵協助他打擊叛亂，之後的情節與馬利的情況類似。現在華格納傭兵不僅保衛著中非總統，也殘酷鎮壓總統的政敵。他們還在當地經營一家廣播電臺，為俄國和中非政府做政治宣傳，並譴責「新殖民主義的現代實踐」。二〇二二年三月，一名俄羅斯外交官指示中非共和國最高法院修憲，讓親俄的總統能在兩屆任期結束後繼續掌權。最高法院首席法官表示反對後，遭到撤換。俄方提供這些服務的回報是取得了多張採礦許可證（手段包括恐嚇原本的礦場業主），以及鑽石、黃金和木材的免稅出口權。

就像很多成功新創公司的創始人一樣，華格納非洲分公司的初始投資人已在考慮成立加盟特許業務。俄羅斯向現任與未來獨裁者提供的服務，被英國皇家三軍聯合研究所（Royal United Services Institute）一個研究團隊稱為「政權生存套裝方案」。整套協助可以包括對獨裁者的貼身保護、暴力攻擊其政敵、協助打擊叛亂、利用媒體或社群網路發動宣傳戰，呼應多極化與反殖民主義等主題，以及提供盜賊統治的聯繫管道，幫助菁英階層藏匿財富（也很可能讓俄羅斯人受益）。各地獨裁者接受這套方案後，與民主盟友的關係也會被切斷，原因是維持政權而動用的暴力與鎮壓手段會讓他們不受歡迎，或是俄羅斯新盟友會堅持他們必須斷絕與歐美老朋友的關係。

未來，其他獨裁國家或許也會協助提供這類套裝方案。中國可能會加入，向某些適合的政權提供服務，以削弱制裁措施的效果；伊朗可以量身打造伊斯蘭叛亂活動，幫助推翻本已搖搖欲墜的民主政府；委內瑞拉可以提供國際毒品交易的專門伎倆；辛巴威可以幫忙走私黃金。別以為這一切聽來不可能發生。由獨裁國家聯手合作維持權力、聯手推廣獨裁治理、聯手破壞民主體制的世界，並非遠在天邊的反烏托邦。它就是我們當下身處的世界。

第五章　抹黑民主

「近年來，多個獨裁政權（無論是本土原生或外來）都在人民動員反抗下崩潰瓦解，或至少被削弱力量。」

這便是美國學者夏普（Gene Sharp）最具代表性的小書《從獨裁到民主》（*From Dictatorship to Democracy*）開頭。夏普自一九五〇年代和平主義、民權與反戰運動風起雲湧時開始受矚目，直到一九九〇年代成為非暴力革命的倡導者。他師從甘地、金恩博士（Martin Luther King Jr.）和梭羅（Henry David Thoreau），認為獨裁政權能夠存續，不是因為獨裁者擁有什麼了不起的力量或個人特質，而是因為被他們統治的大多數人民不是冷漠無感就是心懷恐懼。夏普相信，如果人們能克服冷漠和恐懼，如果能拒絕默默接受獨裁者的索求，獨裁者就大位難保。

夏普的個性務實，他反對使用暴力不僅是出於道德考量，也因為暴力並非對抗獨裁政權的有效手段：「人們如果相信暴力手段有用，就選擇了幾乎總是由壓迫者占優勢的抗爭方式。」他認為，藉由武力反抗獨裁政權的民主運動者通常會失敗，因為他們擁有的武力和資源都不如執政者，也鮮少能建立軍隊。夏普認為，社會運動應該從「找出獨裁者的阿基里斯之踵」開始，也就是獨裁者的弱點或不堪一擊的領域。他們應該有系統地鞏固反對勢力，對抗冷漠和恐懼，說服人民展現出對政權的抵抗，剝奪政權領導人的正當性。奪權是最終目標，但手段要和平。

《從獨裁到民主》最初於一九九四年在曼谷出版，是給緬甸社運人士當作入門讀物。不過夏普的建議幾乎適用於任何地方，最後以多種語言在世界各地印行，包括合法或非法出版。這本小書的附錄是最常被複印的部分，其中列出了一百九十八種非暴力與反獨裁的對策，包括演講、寄信、發布宣言、群眾連署請願、製作抗議歌曲和戲劇、出動飛機在空中寫字、「經濟不合作手段」（包括農民與囚犯罷工、降低生產效率罷工、迅速「閃電式」罷工、集體請病假罷工與十幾種各類罷工）。夏普還列出多種「身體干預」方式，包括集體靜坐抗議、站立抗議、搭乘大眾運輸抗議、涉水抗議、祈禱抗議，以及各種「非暴力占領」公共空間。另外還有「金融資源持有者的行動指南」，包括提出銀行存款、拒絕繳納費用、拒絕償還債務或利息、斷絕運作資金和信用貸款。此外還有其他多種手段。

數十年來，這份清單有了自己的生命。二〇一一年埃及人民在開羅解放廣場起義時，這份清單以阿拉伯文在當地流傳，沒有註明夏普的名字或其他來源。當時夏普已高齡八十三歲，卻也可能是盛名達到巔峰的時刻。隨著阿拉伯之春風起雲湧，《紐約時報》兩度刊出他的人物特寫。他的影響力被認為遍及塞爾維亞、敘利亞、委內瑞拉、白羅斯和伊朗。他也因為被指稱與中央情報局有關而受到攻擊，實際上他和中情局毫無關聯。

許多當時領導大規模示威的領袖否認受他影響，嚴格說來也許確實如此。示威者經常採取這些抗爭手段，不是因為夏普做過或說過什麼，而是因為這些手段已在其他地方使用過，或因為它們被認為是有效的。重點是，它們確實曾經收效。世界各地社運人士回顧一九八六年的菲律賓或一九八九年的東德時，都希望自己能爭取到一樣的結果。

大多數民主運動相互學習的收穫遠多於從夏普那裡學到的，這些運動當然都和「外國代理人」或中情局無關。早在一九八〇年，早在夏普出版他的小書之前，波蘭「團結工聯」（當時仍屬非法的獨立反共工會運動）就創造了一個全國和全球各地人民都能辨識的識別標誌：將波蘭語單字「團結」（*solidarność*）以紅色波浪狀字母寫在白色背景上，讓人想到波蘭國旗。它出現在海報上、別在外套領子上、印在地下刊物上，無論在任何地方，大家都明白它是反對派的標誌。一九九八年，塞爾維亞為反抗領導人米洛塞維奇（Slobodan Milosevic）而成立的青年運動「抵抗」（*Otpor*），在了解團結標誌的歷史後，也創造了另一個黑白標誌：一個畫在圓圈裡的拳頭，下面加上抵抗兩字。喬治亞共和國的社運人士也採用相同概念的變形，以紅玫瑰作為象徵符號。二〇〇四年烏克蘭示威者亦沿用同樣概念，穿橘色服裝抗議選舉被竊取。

夏普稱這類策略為「象徵性舉動」，認為它們能表達的訴求與公民反對運動前輩暨哲學家、劇作家哈維爾（Václav Havel）類似。哈維爾在一九七八年的文章《無權力者的權力》中，請讀者想像一個蔬果商販，一個生活在當時共產主義國家捷克斯洛伐克的普通公民，「在他窗前，在洋蔥和胡蘿蔔之間，放了這樣的標語：『全世界勞動者，聯合起來！』」*哈維爾接著問，他為何要這麼做？

哈維爾寫道，這個蔬果商人應該並非真心關切國際勞動階級，也不在乎

* 譯註：《共產黨宣言》中的知名口號。

勞動者是否團結。他放這個標語在窗前，是象徵性表達自己效忠共產政權，因為他知道若不這麼做，可能會遇到麻煩——未必有牢獄之災，也不會失去工作，但「他可能因為窗上缺少適當的裝飾而受指責，甚至可能會有人責備他不夠忠誠」。哈維爾繼續寫道，這個商人這麼做是因為「如果要穩當過日子，就必須做這些事」。

放這個標語還有第二個目的：它幫助蔬果商向自己隱瞞對國家的服從。他可以把自己的低層次動機（只想穩當過日子）隱藏在較高層次動機（全世界勞動者聯合起來）之下。但只要有人戴著團結工聯徽章（一九八〇年在波蘭華沙）、穿著「抵抗」字樣的T恤（一九九八年在塞爾維亞貝爾格勒）、手捧玫瑰花（二〇〇三年在喬治亞提比里斯）或穿著橘色夾克（二〇〇四至二〇〇五年在烏克蘭基輔）走進這家想像中的商店，這名蔬果商的意識形態就會暴露出來。他要面對那些不顧政權壓力而決定說出自己想法、宣傳自己信仰的人。以哈維爾的說法，這些人是想「活在真理中」的人。

這些小小的、象徵性的勇敢作為，會迫使蔬果商人直面自己一直活在謊言中的事實。他或許會因此改變作為，或許不會。他也可能因此決定打從心裡支持政權。但至少他現在做出了有意識的選擇。哈維爾認為，如果人人都被逼著做出選擇，如果人人都被逼著將政治宣傳和現實生活比對，那麼政權宣揚的謊言遲早會被揭穿。

展示象徵符號（徽章、鮮花、標誌、顏色）來迫使人們選邊站，只是二十世紀後期至二十一世紀初期在各個民主運動之間散播的多種手段之一：從菲律賓、南韓、臺灣、後蘇聯世界、中東（黎巴嫩雪杉革命、伊朗綠色運動、阿拉伯之春）到其他地方都使用過。另一種手段是刻意建立不同社會群體和社會階層之間的連結。反抗共產黨的一九五六年匈牙利革命能夠形成，就是因為工廠工人加入了布達佩斯知識分子的抗議行列，後來軍人和警察也加入。一九八〇至一九八一年的波蘭團結工聯運動，格但斯克造船廠的工人們則在電工華勒沙領導下，與來自華沙的記者、律師、歷史學者等工會「顧問」之間建立了明確的關係。

要建立跨階級、跨地域的紐帶，不僅僅是在社運抗爭的層次，而是需要一個或一組足夠廣泛的概念才能真正克服階級與社會分歧。某些人最重視的是自由與言論自由的普世原則，也有些人的動機是來自曾經遭遇不公義或政權暴力。有很多情況是，政權提供的現實與憲法明定的原則差距太大，激發出要求改變的呼聲。在伊朗，二〇〇九年選舉被竊取的報導引發了大規模示威運動。二〇一一年，普丁明顯打算重新掌權時（當時他已當過兩任總統，達到憲法規定上限），莫斯科和聖彼得堡都曾出現長達數月的示威，反對舉行欺騙人民的違憲選舉。

二〇一六年，委內瑞拉反對派贏得議會多數席次，卻被阻止立法，之後總計出現逾千次示威活動，共有數百萬人參加。二〇二〇年，白羅斯的選舉被公然竊取，於是人民組織示威活動，是建國以來首見；他們在街上載歌載舞，穿著紅白相間的衣服，顏色代表著白羅斯政府列為非法的地下國旗。就連警察和軍人也加入他們，其中某些人還扯下肩章當眾焚燒。

某些情況下，領導人的聲望或惡名可以成為反抗運動的凝聚力量。翁山蘇姬是緬甸獨立運動領袖之女，曾被軟禁多年，緬甸首次（未完全成功）的民主革命就聚焦在她身上。不過反抗運動的領袖也可能與政治無關，而是公認超然於紛爭之外、無意追求個人權力的局外人。例如季哈諾夫斯卡婭（Sviatlana Tsikhanouskaya）是一位家庭主婦，丈夫因從事政治運動而入獄，而她之所以成為白羅斯總統候選人，又當上二〇二〇年示威運動的領袖，就是因為人民認為她關心像她一樣的普通百姓。

近年來，社運人士更加與時俱進，採取了夏普和哈維爾難以想像的策略。在加密訊息服務普及的時代，已不再需要跨境走私《從獨裁到民主》或《無權力者的權力》等書籍。要接觸被阻擋的網路資訊，可以使用ＶＰＮ翻牆軟體等工具；要散布訊息可以利用社群媒體，或透過客製化應用程式在暗網傳播。要資助社會運動也更容易，因為社運人士可以用比特幣互相轉帳，藉此避開銀行系統和祕密警察。

過去十年間，以最精良的技能、最縝密的思慮汲取前人經驗的政治運動，莫過於香港民主運動，他們的訴求是要中國政府履行承諾。一九九七年，英國將這塊殖民統治一百五十六年的領土移交中國時，中國領導人承諾會維持香港原有的經濟自由和政治自由，這個承諾體現在「一國兩制」的口號中。之後二十年間，中國以時而顯著、時而隱微的方式對香港加強施壓。二〇一四年，北京當局改變了香港的選舉制度，由中共事先篩選香港特首的候選人。抗議者認為這項「政治改革」是襲擊香港民主的開始，甚至是要改變香港的身分認同，於是展開連續多日的靜坐抗議。他們占領了香港幾處公共空間，並在此紮營，將整個運動命名為「占領中環」。他們用雨傘防身，抵禦催淚瓦斯和胡椒噴霧的傷害，因此這場運動又稱為「雨傘運動」。這場示威活動並未達成目標，特別是因為要長期占領公共空間已證明是不可能的事，但示威者在記取教訓，深究自己的錯誤以後，為接下來的事態做好準備。

二〇一九年，一項可將香港罪犯引渡到中國（因此擴大中國對港司法管轄權）的法案激怒了人民，來自多個領域的社運人士再次發起新一輪的示威活動。這次運動沒有任何領導人和組織委員會可以被滲透或逮捕。示威者沒有長期占領市中心，而是在不同的時間和地點出沒，讓警方措手不及。他們利用手機應用程式來追蹤警察的行動，在臉上塗顏料來騙過監視攝影機，並彼此呼籲要「如水」一般維持靈巧行動，必要時可以每小時改變策略。

他們也從其他民主運動的經驗學習：從一九八九年波羅的海三國人民示威借用大規模築起人鏈的點子；也從二〇一四年烏克蘭示威學到，若預計會和警察發生衝突，要戴頭盔和防毒面具。他們用代號和化名保持匿名。在一個網路大多由政府控制的社會中，他們用布條和海報向公眾散播理念。* 他們採取「不

* 譯註：中國控制網路之嚴格舉世聞名，但香港在二〇二〇年《港區國安法》通過前，網路自由與一般西方社會無異。近年則傳出多例因網路言論被判刑的案件。

合作」策略來擾亂日常生活，藉由群眾募資在國際媒體刊登廣告。他們使用了夏普的策略，使用了更多夏普沒想過的策略。

他們的目標不僅是改變政府政策，也要改變社會，提高民眾意識，教導人們如何反抗獨裁和日益殘暴的政權——這點他們確實做到了。香港示威者對中國的威權主義進行了最漫長也最艱苦的反抗，無人能出其右。他們的努力比一九八九年天安門廣場的抗議活動更持久、更有系統，比他們幾年前的雨傘運動更聰明、更靈活。示威活動跨越了社會階級的藩籬，有數百萬人參與，無論貧富。

然而，雖然他們多次贏得戰鬥，卻仍輸掉了這場戰爭。本書撰寫時，香港所有示威領袖盡皆下獄或流亡。仍留在香港的示威者當中，很多人只能從事卑微的工作。

他們正確執行了所有示威策略，但仍然面臨失敗，因為中國當局也一直在研究夏普和哈維爾提出的各種抗爭手段。官方絞盡腦汁思考要如何譏嘲醜化那些象徵性的舉動，如何誣衊抹黑深具魅力的示威領袖，如何在社群媒體傳播謠言和陰謀論，如何讓人們被孤立和疏遠，如何摧毀不同社會族群和社會階級之間的連結，如何讓具有影響力的流亡人士消失。最重要的是，如何將人權、自由和民主等措詞變成叛國、顛覆政權的證據。獨裁者聯盟的其他成員也從中仿效。

＊＊＊

二〇一六年四月，辛巴威五旬節教派牧師馬瓦里勒（Evan Mawarire）坐在辦公室裡，將國旗掛在頸項間，凝視著手機鏡頭，按下了「錄影」鍵。之後幾分鐘，馬瓦里勒發表了一段未經排練但極具力量的簡短演說，說明辛巴威的國旗，並一一解釋國旗顏色的含義：

他們說綠色代表植被與農作物……我在我的國家沒看到任何農作物。黃色代表所有礦產，黃金、鑽石、鉑金、鉻……我不知道還剩下多少，不知道他們把礦產賣給誰，也不知道他們從中獲得多少利益。

紅色，他們說這象徵鮮血，為了爭取我的自由而流的血，我對此非常感激。我只是不知道，如果他們（那些流血的人）在這裡，看到這國家現在的樣子，會不會要求償還他們流的血？

黑色象徵著大多數人民，像我這樣的人民。但出於某種原因，我不覺得自己是其中一員。

多年後，馬瓦里勒告訴我，他是出於絕望才拍下這段影片。他受過良好教育，也擁有他想好好教育的孩子。他在英國生活過幾年，二〇〇八年回到辛巴威。當時曾有一段短暫時期，改變似乎是可能發生的。但辛巴威非但沒有改變，反而陷入更深的政治與經濟危機。嚴重通膨導致馬瓦里勒年邁雙親的退休金化為烏有。馬瓦里勒本人也幾乎難以餬口，走投無路之下才拍了這段影片。

他和外國人並沒有特別的關係，和提倡民主的歐洲人或美國人沒有聯繫，也沒有政治背景。他只是一位年輕牧師，不是政治家，亦非網紅。儘管他不曾發起過任何運動，但他說的話全是發自內心。他告訴我，辛巴威的經濟崩潰「終於找上我了，現實就是我面前那張空空如也的餐桌」。

他的影片在網路迅速廣傳，他加上的關鍵字標籤 #ThisFlag（這面國旗）也四處瘋傳。馬瓦里勒就此成了名人。他告訴我，走在街上人們會向他致謝，告訴他「你說出了我多年來的感受」，或者「你說的就是我長久以來的感覺，但我找不到管道抒發」。起初，他以為「這一切將會消失，船過水無痕，人們的激動之情會平息，就這樣，什麼事都不會發生」。事實不然，人民的激憤之情不斷升高。在那個短暫的激情時刻，#ThisFlag 成為全國熱烈討論的現象，成為夏普筆下那種團結的象徵。

人們對這段影片發表評論，引用影片中的言論，甚至開始舉起辛巴威國旗，藉此聲援影片中闡述的想法。許多街頭小販也開始販售辛巴威國旗，因為需求突然大增。馬瓦里勒在初次發表#ThisFlag談話的一個月後，決定利用這個契機，連續二十五天每天發布一支影片，希望藉此讓整個社會展開關於國家現況的真正討論。辛巴威儲備銀行總裁同意和他辯論通膨及貨幣改革的提案。他們的會談有數千名#ThisFlag支持者參加，影片也廣為流傳。同年七月，馬瓦里勒發起了全國大罷工，數百萬人民響應，待在家裡不上班。

辛巴威政府最先是無視馬瓦里勒，然後將他的影片斥之為「噱頭」，又說他發起的運動是「牧師在權力走廊裡放屁」。之後，他們逐漸開始視馬瓦里勒為實際的威脅。辛巴威資訊部長莫尤（Jonathan Moyo）發起了支持政府的另類#OurFlag運動，但未能引起迴響，辛巴威領導人隨即改弦易轍。他們不像二十世紀獨裁者一樣只是一味宣傳領導人的偉大，而是同時展開醜化馬瓦里勒的行動：削弱他的可信度、他發自內心的真誠，尤其是他的愛國情操——這些都是他最能激勵辛巴威人民的特質。為了打擊這些實實在在的感動情緒，當局必須把馬瓦里勒塑造成一個假貨，一個絕非真心誠意、而是受外人操控的傢伙——讓人們以為他不是愛國者，而是叛國者。

針對政治對手進行個人化的抹黑行動並不新鮮。西元前六十四年，西塞羅（Cicero）的弟弟昆圖斯（Quintus）就曾建議他，在競選羅馬執政官時挖出對手見不得人的事。到了二十世紀，史達林政權也成功地將政敵托洛斯基（Trotsky）抹黑為叛徒和間諜；一九三〇及一九四〇年代，史達林還逮捕了數以萬計同情托洛斯基的叛徒。但現代的獨裁政權做得更過分，因為他們不僅必須抹黑對手，還得抹黑他們傳遞的思想。為此，他們常常將對手的措詞（例如「民主」、「正義」、「法治」等詞語）塑造成「叛國」、「勾結外國勢力」（當然還有外國資金）的證據，而非人們純粹普遍且真心渴望變革的證明。

二〇〇九年，伊朗數十萬人為反對選舉結果遭篡改，參與了這個伊斯蘭共和國史上最大規模的抗議活動。結果伊朗當局向示威者開槍，逮捕了多名示威領袖，宣布「我們打算找出策畫者與外國媒體之間的關聯」。查維茲也一再誣衊他的對手是美帝主義的「右翼」代理人，即使這些對手自詡為社會主義者。宣稱「索羅斯」發起示威的指控也一再被用來抹黑示威者（索羅斯的名字是「猶太人國際陰謀」的同義詞），首先使用的是匈牙利獨裁主義執政黨，然後在美國、歐洲甚至以色列都出現。二〇一八年，普丁在赫爾辛基與川普共同舉行的記者會上，也提到了索羅斯。*

普丁的其他談話內容更加肆無忌憚。莫斯科二〇一一至二〇一二年爆發示威後，他指責時任美國國務卿希拉蕊，稱她向「我國某些行動者」發出了「信號」，又說她協助將數億美元「外國資金」送進俄羅斯，利誘示威者走上街頭。二〇一四年，俄羅斯一家官方網站也宣稱，上街抗議貪腐總統的烏克蘭人民「被遠方的策畫主謀利用，唯一目的是要將烏克蘭變成『反俄』國家」。歷史學家瑪西（Marci Shore）曾寫道，二〇一三至二〇一四年冬季的大規模示威期間，許多俄羅斯記者到基輔採訪廣場起義時，不斷詢問示威者得到美國人哪些幫助。一名年輕女子說明：「他們根本無法理解，我們是自動自發組織起來的」。瑪西最後是如此解釋：「克里姆林宮的政治宣傳，要人們相信一定是美國情報部門或其他某些控制世界的力量在幕後操縱，這不僅暴露了他們的惡意，也暴露了他們根本無法相信個體可以自己思考、獨立採取行動。」

辛巴威當局依循這套模式，攻擊馬瓦里勒是接受西方政府的資助，並將外國大使館轉推和轉貼他的談話當作證據。當局也誣衊他涉嫌財務詐欺。馬瓦里勒的尋常百姓身分甚至財務困窘都是他吸引大眾的特質之一，因此資訊部長莫尤這幫人就把他描繪成一個騙子，「從容易受騙的英國信徒那裡斂財，藉此逃稅」。一家官方報紙引述「消息人士」稱，#ThisFlag運動是「馬瓦里勒牧師的另一樁斂財事業」。

* 譯註：二〇一八年七月十六日，美國總統川普與俄羅斯總統普丁在芬蘭舉行首次正式峰會，引發頗多爭議。

除了公開的抹黑行動之外，當局還對他施加財務騷擾、行動控制與肢體暴力，只差沒有謀殺他。畢竟主要目的是嚇退他與威脅他的追隨者，而非讓他完全消失。

自由之家將這類手段稱為「社會性死亡」。辛巴威和許多地方一樣，藉由這種手段讓人無法過有意義的人生。馬瓦里勒最後被捕下獄並遭受酷刑。「我可以告訴妳訊問的情況，他們可以一整夜持續訊問好幾個小時，」他告訴我，「但我不能跟妳說我受到的酷刑，因為他們對我做的那些事情，是我還是無法公開談論的。」政府的施壓手段還包括威脅他的妻兒與年邁父母。他們也不斷問他「是誰在資助你，告訴我們你的影響力從何而來，你是怎麼做到全國大罷工的，你有付錢給民眾嗎？」就像二〇一三至二〇一四年在烏克蘭採訪的俄羅斯記者一樣，他們根本不相信有人可以如此懷抱理想主義，如此天真，為了「民主」或「愛國」而讓自己置身險境。你做這些事只是因為深愛這個國家？怎麼可能。

馬瓦里勒後來獲釋，他把家人送到國外，然後自己悄悄越過邊境逃離。但針對他的抹黑行動不但沒有停歇，反而越演越烈。馬瓦里勒以為人們會理解他離開的原因，喜見他安全無恙，畢竟辛巴威的傳奇反殖民革命領袖穆加比和姆南加瓦也都曾流亡國外。然而，一些原本支持馬瓦里勒的人開始附和莫尤與官媒對他的冷嘲熱諷。看吧，我們就說了他是叛國者。看吧，他會生活在國外，發錢給他的人會資助他。馬瓦里勒告訴我：「曾經為我們建立名聲的社群媒體，後來也讓我們身敗名裂。」

馬瓦里勒還說，他離開祖國後「這些負面評論在腦海中揮之不去。我內心有股衝動，想證明他們是錯的，想跟他們說『聽好了，我才不是懦夫』。我也想說，我做這一切都是出自真心誠意」。於是他再次回到辛巴威，一抵達機場就被逮捕並脫衣搜身。警察把他帶到一處戒備層級最高的監獄，他再次被毆打，再次遭受酷刑，再次被獨囚。他後來再度獲釋，並且試著重新展開活動。他努力把民眾組織起來，又發動了一次全國大罷工。但在此同時，他的人格操守、他的財務狀況和他的意圖都不斷受到攻擊。漸漸地，他明白自己做的一切都是徒勞。#ThisFlag運動沒有改變體制，而是讓政權注意到人民的不滿情緒日益升高，於是以調整政治宣傳來因應，並於二〇一七年讓姆南加瓦取代穆加比成為總統。最後政府把護照還給馬瓦里勒，他也接受了暗示，如今他和家人長居國外。

「我想回辛巴威，誰不想回家呢？」馬瓦里勒對我說道，但他認為自己短期內無法回國。「剛開始投入時，我只覺得生氣勃勃滿腔熱血，相信且希望一切明天就會改變——我彷彿看到目標已近在眼前，感覺一定會成功。然後，就如你所見，成功的希望就此消失無蹤。這一切太可怕，然後它又重演一次，那時我才開始意識到，要達成目標還需要一段時間。」

於是，他學著保持耐心。

「我想完成這件事，然後擺脫這一切，回頭去當個好爸爸。但你知道的，爭取自由民主的運動不是那樣的。它會把你整個人捲進去，然後它就……它

就……它會重新塑造你這個人，重新塑造你整個世界。」

＊＊＊

馬瓦里勒發現了很多獨裁政權都已深知的事：抹黑是有用的。當國家機器把檢察機關、法院、警察、國營媒體和社群媒體結合起來，以量身打造的方式構陷一個人時（講一個關於他們的生命和信念的故事，指控他們叛國、詐欺或犯罪，有時還假借這些捏造指控而逮捕或刑求他們），總是會讓受害者遭到某些人的厭惡。

早年，獨裁政權解決異議的方法通常是謀殺提出異議的人，有些政權現在仍然如此。二〇一八年，沙烏地阿拉伯在駐伊斯坦堡領事館謀殺了著名的流亡異議人士暨《華盛頓郵報》專欄作家卡修吉（Jamal Khashoggi）。二〇一二年，古巴政府製造了一場車禍，當時該國最重要的社運人士帕亞

（Oswaldo Payá）因此喪命。普丁政權謀殺了多名批評人士：二〇〇六年是記者波利特科夫斯卡婭（Anna Politkovskaya），二〇一五年是倡議民主的反對派領袖涅姆佐夫（Boris Nemtsov），還有兩次中毒、最後在二〇二四年死於流放地監獄的納瓦尼（Alexei Navalny）。二〇二三年，中國自由記者孫林在南京家中被中國警察毆打，數小時後不治身亡。

這些選擇性的偶發謀殺事件，不僅能讓難以對付的反對派人士消失，也成為一種訊息傳遞方式。沙烏地阿拉伯王室、古巴安全部門、克里姆林宮和中國警察不必把所有記者都殺害，就能讓國內所有記者噤若寒蟬。現代獨裁者意識到，二十世紀的大規模暴力手段如今已無必要。針對特定目標動用暴力，通常就足以讓普通百姓徹底遠離政治，讓他們相信這是絕無贏面的競賽。

但大多數情況下，現代獨裁政權都更傾向於讓批評人士噤聲，避免讓他們變成屍體。夏普的非暴力策略清單上就有「葬禮」一項，因為死去的英雄可以化身烈士。眾所周知，一九五六年匈牙利前領導人拉伊克（László Rajk）

的葬禮激發了匈牙利革命。* 南非實行種族隔離時期，葬禮常常演變成強大的反政權示威活動。在今天的緬甸，葬禮也發揮了這種作用。俄羅斯政權為了避免納瓦尼的家人公開為他舉行葬禮，甚至試圖恐嚇他母親，要她承諾會祕密埋葬納瓦尼，否則就要任由屍體腐爛。後來當局也拒絕為家屬提供靈車，並限制民眾進入他下葬的墓園。但許多民眾仍冒著被捕風險來到墓園，留下如山一般的悼念鮮花。由此可以明白，現代獨裁者通常傾向避免謀殺異議人士。讓異議人士變成烈士，可能激發出一場政治運動；對異議人士抹黑誣陷，反而可以摧毀一場政治運動。

如今，更老到的獨裁政權還會事先備妥抹黑行動所需的法律和政治宣傳

* 譯註：拉伊克（László Rajk）是匈牙利共產黨的領導人物，曾領頭大規模清洗反對派，因影響力漸增，遭總書記拉科西（Rákosi Mátyás）誣陷為間諜而處死。史達林自此在匈牙利展開大清洗，引發經濟動盪，加劇民怨。一九五六年拉伊克獲得平反，十月六日舉行的重新安葬儀式有十萬人參加，旋即於十月二十三日爆發匈牙利革命。更詳細內容可參考作者另一部作品《鐵幕降臨：赤色浪潮下的東歐》，同樣由衛城出版。

基礎，甚至在民主運動者贏得人民信賴與支持度之前，就設計陷阱來抓捕他們。自二十一世紀頭十年開始，獨裁國家與一些非自由的民主政體開始制訂各種非常相似的法律，目的是監視與控制公民組織（包括與政治無關的組織和慈善機構），通常會將它們貼上恐怖分子、極端分子或叛國者的標籤。俄羅斯已利用所謂的「反極端主義法律」，阻止任何人表達政治上的反對意見。自二〇〇一年起，葉門也通過了多項法律（顯然是複製埃及已通過的法律），用於規範外國非政府組織的活動。類似的法律後來也出現在土耳其、厄利垂亞和蘇丹。

二〇〇九年，烏干達通過一項法律，讓一個政府委員會有權監管甚至解散國內民間組織。衣索比亞版的同一套法律則讓一個類似委員會有權解散民間組織，只要這些組織被認為「有損衣索比亞的公序良俗」；由於法律條款的措詞含糊，幾乎任何機構都可能遭到解散。柬埔寨則通過一項法律，禁止任何從事「危害和平、穩定和公共秩序或損害柬埔寨社會的國家安全、國族團結、文化和傳統」活動的組織，這些條款幾乎涵蓋了一切政府想禁止的活動。二〇二四年一月，委內瑞拉國民議會通過一項新法，允許政府解散非政府組織並處於巨額罰款，只要該組織違反一長串任意規定中的任何一項。古巴自一九八五年以來未曾接受任何獨立組織註冊，近期也逮捕了數百名加入非正式團體的人。

那些真正與國外有關聯的組織，則會受到更多關注。二〇一二年，俄羅斯通過了幾項法律，限制那些接受外國資金的非政府組織與慈善機構的權利，將它們公開標註為「外國代理人」，這個詞在俄語和英語中聽起來就像是「外國間諜」。* 非自由的民主國家喬治亞共和國政府二〇二三年也通過一項非常類似的法律，引發大規模街頭示威後放棄——直到二〇二四年不顧群眾上街反對，再次提出該法案並獲國會通過。埃及政府也會對民間組織獲

* 譯註：「代理人」一詞的英文（agent）、俄文（агент）一字都有情報人員、間諜之意。

得「外國資助」進行刑事調查。蘇丹政府則利用安全相關法律逮捕並拘留非政府組織領導人，並以「恐怖主義」罪名予以起訴。白羅斯政權針對一個幫助殘障人士的組織，拘留該組織多名高層並搜查他們的住家，也是要尋找可疑的「外國資金」證據。中國則在二〇一六年制定法律，規定安全部門有責任登記並監督與海外有聯繫的組織，包括與海外華僑有關聯的醫療、福利或文化慈善機構。

這些法律大多只是假意做出實行法治的樣子，將接下來動用的手段正當化，這些手段通常不是控訴政治性的罪名，而是以不實的貪腐罪名起訴受害者。本身就嚴重腐敗的政權會做賊喊捉賊，模糊自己與對手之間的區別。早在二〇一四年，俄羅斯反對派領袖納瓦尼和他弟弟就被指控與法國化妝品公司伊夫黎雪（Yves Rocher）之間有不法勾當。儘管案情撲朔迷離且難以理解，但納瓦尼兄弟都因此入獄。二〇二二年，納瓦尼又因「詐欺罪」被判刑九年。二〇〇八年，委內瑞拉最受人民支持的民主派反對陣營領導人之一羅培茲

（Leopoldo López）遭政府指控涉及金融犯罪，被禁止擔任公職。將近十年後的二〇一七年，卡普瑞爾斯（Henrique Capriles）也因類似指控而被禁止競選總統。

即使這些指控不實或誇大，即使大多數人都知道它們不實或誇大，仍然會產生影響。一個人若屢遭中傷，即使最親近的朋友也很難不以為其中多少有些事實根據。獨裁政權要揭露某個民主運動人士或政治人物的「祕密」時，可能是公開一段錄音對話，或一封被駭客竊取的電子郵件（俄羅斯自一九九〇年代以來就在使用這種手段，二〇一四年在波蘭也用過，二〇一六年美國大選亦然，當時民主黨全國委員會的電郵遭駭客竊取）。這些策略意在讓外界對這個人產生一種不誠實、有事隱瞞的印象，即使錄音帶或被駭客入侵的電郵中並無任何此人行為不當的證據。

指控異議人士腐敗，也會轉移注意力，讓公眾較難注意到執政黨的腐敗。委內瑞拉政權與毒販和組織犯罪有牽連，卻指控羅培茲腐敗；緬甸軍方領袖因貪腐而惡名遠播，卻對翁山蘇姬提出類似指控。他們的部分目的都是要破壞這些民主運動者的反腐敗運動。無論這些腐敗指控有多荒謬、多偽善，都能加深獨裁國家刻意讓人民內心產生的憤世嫉俗感，讓人民更加深信政治都很骯髒，包括反對派，進而對所有政治人物及政治異議人士心存疑慮。

辛巴威國民沒有懷抱希望，沒有要求變革，而是從馬瓦里勒的經驗學會遠離政治，而且認為所有政客、公眾人物與未來可能的領導人都一樣危險、一樣可疑、一樣不值得信任。馬瓦里勒受到的腐敗指控，甚至可能讓某些辛巴威人民感到安慰，因為它們遮掩了一般百姓所做的決定。任何曾經被賄賂而服從的人，或許都會覺得有點安心。看吧，他們做這些事也是為了錢，就跟我一樣。

當代最精緻的抹黑運動還增加了另一項訴求：激發新形態的群眾參與。在毛澤東時代的中國，文化大革命達到高峰時，曾鼓勵工作場所和學校揪出階級敵人，開鬥爭大會批鬥他們。在鬥爭大會上，這些「敵人」會被控訴各種真有其事或純屬想像的思想犯罪，他們飽受羞辱，甚至被毆打折磨。但毛澤東式的鬥爭大會只能在一個實體空間裡舉行，現在的網際網路則是任何人都能加入批鬥，還可以匿名。參與者可以提供自創的迷因和口號，還能耽溺於那些平常被視為禁忌的排外或厭女主題。

這種抹黑運動有時是國家發起，其他人自願加入，有些情況下則是參與者會獲得報酬。委內瑞拉政府就建立了一套機制，會發小額酬勞給轉推或轉貼政府宣傳的人。沙烏地阿拉伯政府則動用數千個推特帳號來攻擊政敵，當中有真人帳號，也有假帳號。這些帳號被稱為「蒼蠅大軍」，其中包括政府運作的帳號，也不乏熱情志願者主動參與。由於這種官民合作的推波助瀾，專欄作家卡修吉被謀殺後，阿拉伯語關鍵字標籤「我們都相信沙爾曼」*在

* 譯註：卡修吉在《華盛頓郵報》專欄中多次批評掌統治實權的沙烏地阿拉伯王儲沙爾曼（Mohammed bin Salman）。卡修吉遇害後，聯合國人權理事會的法外處決特別報告員發布調查報告，直指沙爾曼與此案有關。

推特出現了逾一百一十萬次。以往要加入群眾才能體會的力量感和與人連結的感受，如今關起門來坐在家裡，就能在筆記型電腦或手機上體驗到。

這種新型的暴民式運動可能引發令人難以承受的痛苦、焦慮與偏執妄想。若是由同時控制警察與安全部門的國家指揮發動，影響尤其嚴重。任何人若遭遇大規模網路霸凌（特別是國家支持的霸凌活動），都會變成有毒的對象，甚至在家人和親近好友眼中亦然。委內瑞拉反對派領袖羅培茲被關押獄中及軟禁共七年後，如今已像馬瓦里勒一樣流亡他國。他告訴我，在闊別多年後，他去拜訪了一位最親密的老友，對方只和他交談幾分鐘就哭了起來。「原諒我，」她說，「我們懷疑過你，相信了他們說的那些關於你的事。」也有其他朋友告訴羅培茲，他們在網路上發文或留言為他辯護時，時常感到不知所措。「實在太不可思議，那些組織化的酸民網軍就這樣憑空湧現。」他們憂懼的不只是酸民。在委內瑞拉（如同在辛巴威、俄羅斯、伊朗或中國），政權還可以利用財務調查、對配偶和僱主施壓、言語威脅或甚至真正的暴力手段，不僅針對政敵，也針對他們的支持者和親友。

曾親身經歷這一切的羅培茲告訴我，他現在要警告委內瑞拉和其他反對派屢屢示威國家的同道中人，「要為示威熱潮退去做好準備」——要準備好面對接下來可能發生的事，但別以為這些事是針對自己，因為這些都已是相似的運作模式。反對派運動遭到鎮壓後，通常會產生某種形態的公眾絕望情緒，特別是在動用暴力手段鎮壓的情況下。人們會哀悼死者和傷者，會因為失去希望而備感酸楚。

然後，他們會開始生氣。他們會生氣，是因為情勢變得更糟，因為希望破滅，也因為他們的領袖讓他們感到失望。

* * *

對大多數現代民主國家的居民來說，羅培茲和馬瓦里勒的故事或許可怕又殘酷。在此同時，網路暴民、有針對性的誹謗活動、製造不實指控和虛假敘事等手段，或許也讓人感覺熟悉。在加州矽谷打造出的技術和紐約麥迪遜大道發明的公關策略，從很久以前就和獨裁者的行徑相結合，創造出各種網路騷擾協同活動，這些活動不僅被業餘的網路活躍分子廣泛使用，也不只是用於「取消文化」或網路圍剿運動，全球各地的民選政府和領導人也在操作。事實上，它們往往是民主走向衰退的信號。

二〇二〇年發生的一件事就是如此。當時波蘭司法部副部長（隸屬民族民粹主義執政黨「法律正義黨」）僱用了一名職業網軍，大舉騷擾那些做出不利政府的判決或公開批評政府的法官。她向波蘭最高法院院長寄出多張內容粗鄙的明信片，又將針對一名法官的詆毀資訊傳給他的所有同事，也傳給他本人。她還公開發布關於這些法官的貼文（其中一篇寫著：「滾吧！你讓那些誠實的法官蒙羞，是波蘭之恥。」）她的種種行徑，後來因為她自己向新聞網站爆料才被揭露，而這只是政府醜化司法、削弱整體法治大規模行動的冰山一角。

針對墨西哥政治學家、專欄作家、女權主義者暨社運人士丹尼絲（Denise Dresser）的抹黑行動也有相同特質。自二〇二〇年起，墨西哥總統歐布拉多經常在每天早上的例行記者會攻擊她。身為左派的丹尼絲經常批評總統，由於歐布拉多也自詡為左派，對於丹尼絲批評政府試圖將司法機構和選舉委員會政治化，他可能覺得倍感威脅。他的回應是以「菁英」、「保守派」、「站在人民的對立面」等用語來描繪丹尼絲，當然還有「叛國者」。

支持總統的網路酸民（有些明顯是職業網軍，有些可能是自發性的志願者）也進一步發動攻擊。他們批評丹尼絲又老又醜，不值得關注，思想瘋狂且處於更年期。他們捏造或加工有關她離婚和其他私生活的故事，還製作迷因，讓她看似穿著用來束縛罪犯或精神病患的緊束衣。當她發表支持烏克蘭的文章時，則被描繪成身懷炸彈的「戰爭販子」。人們會在公共場合偷拍她，其中一張照片攝於一間星巴克咖啡店，她的洋裝拉鍊頂端沒有拉上。這張照片在網路瘋傳，引來許多說她獨居又罹患失智症的留言。

還有人發出威脅，讓丹尼絲不得不認真看待。二〇二二年，墨西哥是全球除了戰區之外對記者最危險的國家，記者很可能遭遇販毒集團、其他犯罪分子或憤怒的總統支持者暴力攻擊。普丁可以明確下令謀殺某人，而歐布拉多和波蘭法律正義黨領袖卡臣斯基（Jarosław Kaczyński）等非自由的民主政府領導人，則只需激發人們對某人的憎恨與敵意，再坐等後續效應即可。二〇一九年在波蘭，針對格但斯克市長阿達莫維奇（Paweł Adamowicz）的抹黑運動就以悲劇告終：這位市長在一場公開活動中，遭一名坐牢時曾收看國營電視臺的男子衝上舞臺狂刺，數小時後不治身亡。

過去，美國政府也曾針對特定人士濫權追打。聯邦調查局就曾竊聽、騷擾及暗中操縱金恩博士。尼克森總統曾試圖要國稅局找他的政敵麻煩，只是未能得逞。利用法律、司法、金融等一切政府工具，結合現代網路仇恨運動來追打總統個人的仇敵，雖然這種情況在當代美國聯邦政府尚未出現（至少在本書撰寫時還沒有），但不難想像這可能會如何發生。

無論是在首次當總統任內或卸任之後，川普都一直試圖煽動人們對他不喜歡的人（包括聯邦法官）產生憤怒乃至於暴力行為。他和他的追隨者騷擾全國各地的選務人員，因為他們拒絕同意他宣稱選舉被竊的欺騙性指控。川普公布了密西根州參議院多數黨領袖的電話號碼，後者隨即收到四千則威脅簡訊；他還公布了賓州眾議院議長的個資，導致抗議者出現在議長家門外。川普和他的團隊不實指控兩名喬治亞州選務人員莎耶（Shaye Moss）和她的母親茹碧（Ruby Freeman）在手提箱內塞滿非法選票，令她們遭遇好幾個月的種族歧視騷擾。二〇二三年，川普開始談到利用司法部逮捕政敵，不是因為他們犯了罪，而是因為若他重掌總統大位，就要施行「報復」。若他如願指揮聯邦法院和執法部門打擊他的敵人，並結合大規模的網路霸凌運動，獨裁世界和民主世界的融合就將是水到渠成。

結語　民主世界攜手團結

普丁在黑海的宮殿設有曲棍球場和水菸吧，習近平在以前的皇帝花園裡居住和工作，而世界各地的獨裁者會面時，也是在有鍍金吊燈和大理石壁爐的廳堂。

民主陣營則是在立陶宛首都維爾紐斯郊外，一家雜亂無章的旅館聚首。走廊昏暗，窗景滿是森林。二〇二二年秋天，世界自由會議（World Liberty Congress）首度在此召開，全球各地奮力反抗獨裁政權的人士齊聚一堂。來自俄羅斯、辛巴威、伊朗、南蘇丹、北韓、尼加拉瓜、盧安達、古巴和中國的從政者和社運人士，在擺著長桌、照明欠佳的房間裡開會，與委內瑞拉、敘利亞、柬埔寨、白羅斯、烏干達的同道交流。

這裡的環境不起眼，但與會者分享的經驗相當豐富。我和一位穿著粗呢西裝外套的青年攀談，他說：「妳大概以為我是香港人吧。」他戴著金屬框眼鏡，說著一口在前英國殖民地很常聽到的簡略英語。沒錯，我說，我的確以為他是香港人。「我是北韓人。」他說。他是提摩西・趙（Timothy Cho），九歲時被父母遺棄，成長期間無家可歸，曾兩次逃離北韓，四次入獄。我認識他時，他正在爭取成為英國保守黨議員候選人。

當天稍早，烏干達音樂家暨幾乎勝選的總統候選人瓦恩（Bobi Wine）向全體參與者致詞（如果以正確程序計票，他其實是總統當選人）。他主張不要使用「反對派」（opposition）一詞。不，他說，我們不是反對派，我們是一個選項，一個更好的選項。「我們應該使用積極正面的措詞，我們不是受害者。」到了晚上，我和兩位不願透露姓名的俄羅斯人交談。他們正祕密進行反抗普丁軍事動員的活動，幫那些不想被徵兵的俄羅斯人取得律師協助和法律建議。他們當初做出不離開俄羅斯的重大決定，就是認為若要促使對烏戰爭結束，自己最能幫得上忙的就是說服人民別去打仗。

大多數與會者都是頭一次見面，甚至有些人完全不認識來自同一洲的其他人士，只聽聞過對方的名聲。其中一人告訴我，非洲人和兩千英里外的歐洲人做生意及談話，比和鄰國的非洲人接觸還要容易。當他們真的說上話以後，就會發現彼此有著類似的經歷：遭遇過類似的抹黑運動、活在類似的政權之下——這些政權的領導人也以類似的方式洗錢，而且口口聲聲「多極化」。對他們而言，《獨裁者聯盟》不是書名，是他們每天必須奮力對抗的現實。藉由會議中的經驗分享，他們學會了要深入理解獨裁者的模式，預判接下來會遭遇哪些針對自己的攻擊策略，並做好抵抗的準備。

在這場會議召開的九個月之前，我則是坐在紐約一家餐廳的樓上包廂裡，一小群流亡政治人物正在策畫維爾紐斯峰會。委內瑞拉反對派領袖羅培茲發言時，開頭就提醒在場所有人，獨裁者們沆瀣一氣幫助彼此維持政權，但「我們這些為自由而戰的人卻未互相結盟」。曾是西洋棋世界冠軍的俄羅斯政治變革倡議者卡斯帕洛夫（Garry Kasparov）認為，對外展現「我們攜手同心，我們代表的是大規模群眾運動，我們擁有自由世界的支持」這件事非常重要。伊朗倡議人士阿琳娜嘉德在社群媒體發起的運動曾說服數千名伊朗婦女摘掉面紗。她發言表示，「如果讓外界聽到我們的聲音，了解我們的立場」，民主運動者相互結合的力量或許能形塑華府和矽谷的言論風向，「我們不只是為本國人民而戰，也是為了世界各地的民主國家而戰，甚至包括西方國家。」所有參與者都企盼自己的影響力不僅能及於自己的國家，也能衝擊整個民主世界。他們已深深明白，一個國家的自由往往也取決於其他國家的自由穩固程度。

他們的談話內容聽起來幾乎就像夏普那本手冊的全球版。我們能夠以眾敵寡。我們這些擁護自由的人群，可以淹沒獨裁專政的支持者。但我們也明白，今日已非夏普的時代。全球沒有一座公共廣場能讓羅培茲、卡斯帕洛夫、阿琳娜嘉德和辛巴威的馬瓦里勒、白羅斯的季哈諾夫斯卡婭及古巴社運人士帕亞的女兒羅莎（Rosa María Payá）並肩抗議，更別提要組織十九種不同的罷工抗議和十四種其他形態的示威了。要讓眾人的言論轉化為實際成果，還需要完全不同的政治思維方式。羅培茲說：「首先，我們必須重新界定問題何在。」他此言不虛。

＊＊＊

西方，尤其是美國的外交政策學界經常把全世界視為多個獨立的議題（東歐、中東、南海等），每個議題各有一群不同的專家或學者在鑽研。但獨裁者不是這樣看待世界。普丁既力挺歐洲的極右翼和極端主義運動，也提供暴徒和武器支援非洲獨裁政權；而為了在烏克蘭戰爭獲勝，他刻意製造世界各地的糧食短缺，引發能源價格上漲。伊朗在黎巴嫩、巴勒斯坦、葉門、伊拉克都有代理人。伊朗的代理人還讓阿根廷布宜諾斯艾利斯的一處猶太社區中心發生爆炸，在土耳其伊斯坦堡和法國巴黎實施謀殺，在美國策畫多起暗殺，並且資助阿拉伯語和西班牙語媒體。白羅斯獨裁者則試圖吸引中東難民，幫助他們非法進入歐洲，藉此破壞鄰國穩定。古巴派兵前往俄羅斯協助攻打烏克蘭，古巴祕密警察則協助委內瑞拉的馬杜洛維持政權。中國在非洲和拉丁美洲建立深厚的經濟與政治利益，多年來早已不認為自己只是「亞洲」大國。

專制政權會密切關注彼此的失敗和勝利，盤算好行動時機以製造最大程度的混亂。二〇二三年秋天，歐盟和美國國會都無法通過援助烏克蘭的法案，因為與俄羅斯關係密切的少數派從中阻撓（分別以匈牙利的奧班、美國眾議院一小群親川普共和黨人為首，後者有許多是在川普指示下行事）。所謂「烏克蘭疲勞」的說法在網路上傳開，由俄羅斯代理人和中國媒體以多種語言推送散播。

就在此時，伊朗支持的哈瑪斯武裝分子對以色列發動殘酷攻擊。之後數週，伊朗支持的青年運動武裝分子開始向紅海的油輪和貨船開火，擾亂全球貿易，也分散了美國和歐洲對烏克蘭戰爭的注意力。亞塞拜然獨裁者阿利耶夫（Ilham Aliyev）已利用全球注意力轉移的時刻，占領了爭議領土納卡地區（Nagorno-Karabakh），數日內驅逐了當地共十萬名亞美尼亞居民。二〇二四年春，英國也發現中國駭客入侵了英國議會與多位國會議員的電腦和資料儲存系統。在布魯塞爾、華沙和布拉格，一項多國調查則揭露了俄羅斯大舉收買影響力，包括付錢給歐洲議會議員，並試圖影響歐洲多國的選舉。

在此同時，西半球的委內瑞拉總統馬杜洛聲稱，他正在考慮入侵並占領鄰國蓋亞那的一省。他宣布這些計畫時，數十萬名因馬杜洛施政而陷入貧困的委內瑞拉國民正跋涉穿越中美洲，前往美國邊境。由於空前龐大的移民湧入美國，助長了美國的民粹主義和仇外情緒，也提升了共和黨內親川普派獲得的支持，他們曾公開力挺普丁摧毀烏克蘭的戰爭。

如此多面向、彼此勾連、相互強化的多重危機，不是由單一主謀協調發動，也無法證明背後有一整套祕密陰謀。事實上，這些事件綜合整理之後，展現了不同獨裁政權如何將影響力擴展到政治、經濟、軍事、資訊等不同領域；也展現了當他們看準時機、聯手運作實現共同目標時，會造成多麼嚴重傷害的。他們傷害了民主體制和民主價值，不僅在他們自己的國家，也擴及世界各地。再讀一次習近平和普丁在二〇二二年二月四日、俄羅斯入侵烏克蘭前夕發表的聲明吧。他們譴責「藉口維護民主與人權，干涉主權國家內政」的行為；他們呼籲「尊重各國文化和文明多樣性、不同國家人民的自決權」；他們憤怒警告說，任何有關民主標準的討論（他們稱之為「謀求霸權」）都將「對地區和全球和平穩定構成嚴重威脅，對國際秩序穩定造成損害」。*

其他獨裁者則使用更殘酷、更極端的語言，公開呼籲採取大規模暴行或戰爭——民主世界還沒有人認真看待或開始反擊這些言論。北韓獨裁者金正恩二〇二三年九月與普丁會面時，就表示會全力無條件支持俄羅斯的「神聖鬥爭」，「懲罰邪惡勢力構成的霸權」。時隔數月後，到了二〇二四年一月，金正恩看來已揚棄曾經試圖和解的過往，要求修憲將民主國家南韓視為北韓的頭號敵人，並廢除所有推動統一的機構，停止兩韓交流，還揚言將不惜發動戰爭，「摧毀所謂『大韓民國』的實體，徹底終結它的存在」。那一週，俄羅斯前總統兼暨前總理梅德韋傑夫（Dmitry Medvedev）稱烏克蘭為「癌性增生組織」，放話宣稱不僅要摧毀烏克蘭現任政府，還要摧毀「無論任何形式的烏克蘭」。不久後，他製作了一張俄羅斯地圖，將現代烏克蘭的國土幾乎全部納入，餘下的少許領土則大多劃給波蘭和匈牙利。

儘管如此，我撰寫本書的初始想法仍是：我們不會經歷新冷戰或二次冷戰，這個觀點值得再次強調。獨裁與民主在思想與實踐之間的現代競爭，絕非二十世紀競爭的重演或複製。現在並沒有冷戰時期那種「集團」（blocs）

* 譯註：出自《中華人民共和國和俄羅斯聯邦關於新時代國際關係和全球可持續發展的聯合聲明》。

可以加入，也沒有柏林圍牆能清楚劃分地理界線，同時許多國家都無法輕易劃歸為民主政體或獨裁政體。如同我在前文所述，某些獨裁國家（阿聯、沙烏地阿拉伯、新加坡、越南）尋求與民主世界合作，不想顛覆《聯合國憲章》，而且仍然認可國際法的好處。某些民主國家（土耳其、以色列、匈牙利、印度、菲律賓）則選出比較傾向於打破人權公約，而非維護人權公約的領導人。獨裁者的結盟關係大抵屬於交易性質，是可能轉移變動的，也確實經常如此。

獨裁與民主的分歧也發生在國家內部。委內瑞拉和伊朗境內都存在著強大而重要的民主運動。美國境內也有推動獨裁的主要政治運動和政治人物，德國、波蘭、荷蘭、義大利、法國境內亦然。同時，當前的世界經濟遠比二十世紀複雜，我們也不可能假裝利益衝突並不存在。緩解氣候變遷和其他環境挑戰，都需要全球合作。美國和歐洲都與中國貿易往來密切，驟然終止這些貿易關係既非易事，也不是理想做法。

基於以上種種原因，北美、拉丁美洲、歐洲、亞洲和非洲的民主國家，以及俄羅斯、中國、伊朗、委內瑞拉、古巴、白羅斯、辛巴威、緬甸及其他獨裁國家的民主派反對陣營領袖，都不應將爭取自由僅僅視為和特定獨裁國家的競爭（當然也不是「抗中戰爭」），而應視為反抗獨裁行徑的戰爭，無論這些行徑出現在俄羅斯、中國、歐洲或美國。為此，我們需要由律師和公職人員組成的網絡，與最了解盜賊統治的民主運動人士合作，聯手對抗本國境內與全世界的墮落腐化。我們需要能預期並制止非法暴力的軍事和情報聯盟。我們需要身處多國境內的經濟戰士，他們要能即時追蹤經濟制裁措施造成的實際影響，了解是誰在損害制裁措施，並採取行動予以阻止。我們需要很多願意在網路上組織和協調發起行動的人，他們要能辨別和揭穿去人性化的政治宣傳。* 這些獨裁國家想建立一個全球體系，讓盜賊、罪犯、獨裁者

* 譯註：原文為Dehumanizing propaganda，意指將特定群體或個別人士描繪成沒有價值的劣等存在，藉此削弱外界對他們的同情或支持。

與大規模屠殺的加害者受益。我們可以阻止他們。

終結跨國盜賊統治

俄羅斯、安哥拉、中國的寡頭都坐擁倫敦的房產、地中海的豪宅、在美國德拉瓦州註冊的公司、在南達科塔州辦理的信託，但他們卻不必向任何地方的稅務機關揭露。美國和歐洲的中介機構（律師、銀行家、會計師、房地產經紀人、公關與「聲譽管理」顧問）讓這類交易得以完成。他們的工作都是合法的，也是我們讓它合法的。我們只需要簡單地把它們界定為違法即可，把這一切工作都列為違法。我們不必容忍一絲墮落腐敗，只要終結這整套運作系統。

例如，我們可以規定美國與歐洲各地所有的房地產交易必須完全透明，可以規定所有公司必須以實際所有者的名義註冊、所有信託必須揭露受益人姓名。我們可以禁止本國公民將資金存放在推行保密的司法管轄區，也可以禁止律師和會計師參與這類行為。這不表示這類做法會消失，但至少會更難實行。我們還可以堵住私募股權和避險基金產業允許匿名的漏洞，建立有效的執法團隊，並幫助他們採取跨國及跨洲行動。我們可以和世界各地的夥伴通力合作，協調措施。

我們必然會遭遇巨大阻力：如果拆解這整套運作系統很簡單，那它早就被拆解了。要釐清洗錢機制很難，要監管防範更難。匿名交易只需短短幾秒鐘，就能在不同國家、不同銀行帳戶之間完成，但任何人若想追蹤這些資金，釐清其中的交易細節，可能需耗時數年。對於是否要起訴權貴階層，各國政府常常舉棋不定。那些負責追蹤數十億美元複雜隱祕交易的公務員，自己卻領著微薄薪水，他們可能不願意針對財富與影響力都遠高於自己的人採取行動。權勢階級自既有體系受益，希望這些體系能繼續維持，也和各政治黨派都建立深厚的人脈關係。美國參議員懷特豪斯（Sheldon Whitehouse）多年來一直倡議立法提高財務透明度。他曾告訴我，他如此主張的部分原因是「那些用於協助海外惡棍與犯罪活動的隱藏技術，也用於助長國內特殊利益團體的政治活動」。得益於財務保密的人通常也會尋求直接影響政治，因此要阻止他們更加困難。據報導，烏克蘭寡頭柯洛莫伊斯基就將資金藏匿在美國中西部各地的地產建案中。為了保護自己的財富帝國，他曾試圖對川普政府施加影響力，包括向總統提供有關拜登及其子杭特（Hunter Biden）的「醜聞」，其中有些資料是透過川普的私人律師朱利安尼（Rudy Giuliani）傳遞。柯洛莫伊斯基後來的說詞正好相反（他宣稱自己是揭露事實，並未提供資料給川普），但他說這番話，可能只是為了反過來尋求對拜登政府的政治影響力。

* * *

基於前述種種原因，要改革這套運作體系，不是仰賴單一政治人物、政黨或國家就能做到，而是必須由一個國際同盟來修法，終結隱祕交易，恢復國際金融體系透明度。我們可以建立一套反盜賊統治網絡，納入歐洲、亞洲和北美各地的財政官員，他們已開始明白洗錢和不透明資金如何損害本國經濟。他們可以與來自倫敦、溫哥華、邁阿密等城市的社區領袖合作，這些城市的景觀、房地產市場和經濟都已遭到扭曲，因為俄羅斯人、安哥拉人、委內瑞拉人和中國人在當地購買房產，用於儲存財富。

這個國際同盟還可以納入一些社運人士，他們比外人更清楚自己國家的資金如何被偷盜，也更清楚要如何傳遞這些資訊。俄羅斯反對派領袖納瓦尼之所以被當局謀害，正是因為他對這兩件事都頗為專精。在最後一次被捕前的數年間，納瓦尼製作了一系列以群眾募資拍攝的紀錄片，發表在YouTube上。這些紀錄片暴露了俄羅斯領導人和多個影響深遠的金融詐欺計畫之間的關係，也揭露了大批參與促進這些詐欺計畫的人。這些影片非常成功，不僅因為製作專業，納入許多駭人細節（例如普丁在黑海的土豪式庸俗宅邸內有水菸吧和曲棍球場，還有葡萄園、直升機停機坪與牡蠣養殖場），也因為影片將這些故事連結到俄羅斯教師、醫生和公務員的貧困。納瓦尼告訴俄羅斯人民：你們的道路很糟、醫療品質很糟，是因為他們有私人葡萄園和牡蠣養殖場。

這其實是調查新聞，但以觸動人心為目的加以包裝企劃（要向民眾解釋遠方統治者打造的宮殿與他們自己有何關聯）。這方法真的奏效了：某些影片的觀看次數破億。現在想像一下，同樣的專案若加上世界各地民主政府、媒體和倡議人士的支持，會達到何種效果。不僅僅是調查，不僅僅是起訴，還廣為傳播，把上位者的生活與市井小民的生活聯繫起來。民主世界曾經建立過一個國際反共同盟，如今美國和盟國也可以打造一個國際反腐敗同盟，圍繞著透明、問責和公平的理念建構，透過獨裁國家的旅外僑民和民主國家的創造性思維，讓這個同盟更加強大。

削弱資訊戰的威脅

現代獨裁者很認真看待資訊與思想。他們不僅深知控制本國輿論的重要，也明白影響世界各地言論風向的重要。因此他們花錢在電視媒體，花錢在地方和全國性報紙，也花錢買網軍。他們和民主國家的政治人物與商界領袖交好，藉此在當地擁有發聲喉舌，以及為他們說話的倡議者。他們合力在各種平臺擴散相同的陰謀論、相同的核心觀點。

冷戰結束後三十年來，美國與盟友一直以為他們不必參與資訊戰，以為優質資訊會以某種方式在「思想市場」的競爭中勝出。但思想市場並不存在，或者可以說，根本不存在自由的思想市場。事實上，有些思想是經由假訊息、認知戰、社群媒體公司的高額支出而強加擴散（這些社群媒體的演算法會推送煽動情緒與引起分化的內容），有些以類似方式宣傳俄羅斯或中國敘事的演算法也在推波助瀾。打從最初在社會上看到俄羅斯的不實訊息以來，我們就幻想現有的傳播方式可以擊敗它，不必有任何特殊作為。但研究獨裁國家政治宣傳的專家當中，沒有人認為只要做事實查核就已足夠，就連迅速採取回應也不夠。等到那些不實說法被糾正時，謊言早已傳遍世界。我們的舊有模式從未體認到，其實有許多人很想看到那些不實資訊。他們深受陰謀論吸引，恐怕根本不會去找可靠的新聞來源。

我們可以展開反擊，先從認識我們面臨的洗白資訊大流行開始，並且盡可能揭露這些行徑。二〇二三年，美國政府就已開始這麼做。美國國務院的全球參與中心整理了其他政府部門收集的情報與資訊，開始在俄羅斯一連串的資訊戰實際發生前就先行揭露。自二〇二二年以來一直領導該中心的魯賓（James Rubin）表示，這是一種「預先闢謠」的策略。全球參與中心揭露了一項在非洲散播健康相關假訊息的行動，公開了參與其中的俄羅斯人姓名，並通知了受影響最深的幾個非洲國家的媒體。該中心還曝光了俄羅斯在拉丁美洲利用「新聞在場」等網站協同發動假訊息戰的計畫，並通知了西語媒體。

法國政府與多個歐盟機構一起揭露了RRN網站在法國和德國打造「域名仿冒」網絡。德國政府也揭發了另一項針對德語使用者的行動，其中包括大約五萬個推特（X平臺）假帳號，這些帳號二〇二三年底在一個月內發出超過一百萬則貼文，大都在暗示德國政府因為提供武器與援助給烏克蘭而忽視了德國人民。美、法、德政府都希望藉由事先指出這些認知戰的進行方式，至少先讓一部分人知道認知戰的存在。

當然，更深層的問題是：如果承載這些內容的社群平臺不是這麼容易被操控，這些認知戰根本沒有成功的機會。然而，要改革這些平臺牽連甚廣，涉及領域遠遠超出外交政策的範疇，即使只是要理性討論如何監管社群媒體，都會遭遇巨大阻力。這些平臺都是世界上最富有、最具影響力的公司，它們就像那些自洗錢受益的公司，都在進行反對變革的遊說。許多政客，特別是極右翼政客也是如此，因為他們認為既有體制很容易操控。他們聯手阻止了一切建設性討論，儘管網路言論品質已經顯著惡化。馬斯克（Elon

Musk）收購推特後，這個平臺迅速成為更強力極端主義、反猶太主義和親俄羅斯言論的擴大機。中國打造的平臺TikTok則依然是一個極具影響力的假訊息來源，而且大眾對它並沒有清楚認知，尤其因為它是一個完全不透明的平臺。如果TikTok被用於形塑美國政治，或蒐集用戶資料，我們不會知道其中的來龍去脈。同時，美國的極右派也把監管網路平臺的正當政治辯論變成關乎「禁令」和「言論自由」的辯論，並且攻擊那些試圖了解網路世界如何運作、探究其運作方式能否更加透明的學者與研究人員。

但資訊體系就像金融體系一樣，有許多法律、規則和規章作為基礎，這些都是可以改變的，只要我們的政治人物準備好做出改變，就能讓透明取代晦澀不清。我們應該要讓社群媒體平臺用戶能擁有自己的資料，能夠決定如何處理這些資料，也應該要讓他們能直接影響演算法，這些演算法可以決定他們看到哪些內容。民主國家的立法者可以創造出技術上和法律上的工具，讓民眾擁有更多控制權和選擇權，或在企業的演算法推送恐怖行動相關內容時，追究這些企業的責任。應該要讓公民科學家能和這些平臺合作，以便更了解平臺造成的影響，就像以往公民科學家和食品業合作確保衛生狀況改善，或與石油公司合作防止環境破壞一樣。

就如同打擊盜賊統治，打造以證據為基礎的公眾輿論也需要更廣泛的國際聯合行動。美國與盟國必須相互合作，也和媒體公司合作，讓路透社、美聯社及其他可靠媒體取代新華社和ＲＴ，成為全球新聞的標準來源。政府必須和民間企業聯手，讓中國的節目與新聞內容不總是非洲或拉美最便宜的選擇。任何民主國家的政府，都不應該以為支持民主法治是理所當然或不證自明。威權政體的敘事就是意在削弱民主法治的先天吸引力，把專制描述成穩定，把民主描述成亂象。支持民主的媒體、民間組織和政治人物都必須反駁這些說法，並提出論據證明本國和世界各地都應採行一套強調透明、問責和自由的體制。

要幫助獨裁國家的國民更能在全球脈絡下了解自己的政府，我們還可以採取另一種合作。如果俄羅斯、香港、委內瑞拉和伊朗的旅外僑民能互相擴大傳播彼此要傳達的訊息和想法，他們聯手產生的影響會比各自單打獨鬥更大。有些地方已嘗試過這種做法。現已被禁的吉爾吉斯新聞機構Kloop多年來成功為中亞地區的獨立記者相互建立人脈，因此即使在那些非常封閉的國家，民眾也能更了解所在地區正在發生的事，包括俄羅斯企圖主導他們的資訊空間。幾個俄羅斯獨立網站如Meduza和Insider現在會將他們最好的調查報導譯為英文，讓世界各地更多受眾有機會接觸。獨裁世界的社運人士在各種公開與閉門會議上（如同我在維爾紐斯市郊參加的會議），已相互交流經驗、規劃共同策略，並教導彼此如何連上被封鎖的網站。如果有我們的支持，他們就能幫助彼此更有說服力地傳播更優質的資訊，而且他們也可以教導我們。

當今的獨裁者和二十世紀不同，難以輕易有效地實施審查制度。他們把重點放在擴大閱聽人，對他們灌輸不滿、仇恨、渴望高人一等的情緒，藉此爭取更多人支持他們的訊息。我們必須學會和他們競爭，同時維護和發揚我們自己的價值觀。這意味著要打破只有獨裁者才利用強烈情感的專屬權，我們要透過閱聽人最關心的問題與他們建立連結。最重要的是讓大家明白，努力呈現真相能如何帶來改變。揭發腐敗的記者必須與律師和倡議制裁的人士合作，確保他們的調查結果能讓腐敗者受到懲罰。優質的資訊必須有助於帶來正面的改變。真相必須被看見，正義才能實現。

脫鉤、去風險化與重建

二〇二二年九月二十六日，哈布斯堡狩獵小屋會議的五十五年後，歐洲的獨裁與民主相互依存實驗步向終點。一次大規模的海底爆炸後，又接連發生數起爆炸，炸毀了北溪天然氣管。四條獨立管道中有三條被摧毀，讓這整套耗資兩百億美元的建設毀於一旦。除了實體管道之外，這種破壞行為也摧毀了外界原本以為德國、歐洲或美國能藉貿易促進民主的想法。

俄羅斯自始就想讓北溪天然氣管達到徹底相反的目標：俄羅斯希望在德國推行盜賊統治，並且為俄羅斯控制烏克蘭奠定基礎。北溪二號的主要目的是將天然氣從俄羅斯直送德國，繞過波蘭和烏克蘭，使這兩國無法取得利益豐厚的天然氣轉運合約，還可能完全切斷烏克蘭的天然氣來源。甚至在協議簽署前，俄羅斯就已開始利用天然氣的定價與供應作為影響政治的工具，曾先後在二〇〇五至二〇〇六年與二〇一四年兩度切斷對烏克蘭的天然氣供應，並操控價格，也在中歐與東歐地區藉天然氣議題來操弄政治。

北溪天然氣管也成為俄羅斯和德國之間一種新型特殊關係的基礎。參與北溪建設的俄羅斯企業開始融入德國的文化和政治。俄羅斯天然氣工業公司資助了柏林的德國歷史博物館一場展覽，內容是被過度美化的俄德交往歷史；該公司也贊助了沙爾克足球俱樂部，正好是德國總統暨前外交部長史坦麥爾（Frank-Walter Steinmeier）熱愛的球隊。這些公司也和德國與俄羅斯的政治人物關係密切。曾與普丁同時派駐德勒斯登的前東德國家安全部官員沃尼格（Matthias Warnig），就成了北溪公司執行長。*當年同意興建北溪天然氣管的德國總理施洛德，卸任幾天後就接受普丁提議，成為北溪公司股東委員會主席。至俄羅斯入侵烏克蘭的二〇二二年為止，施洛德每年從北溪及俄羅斯天然氣相關企業（包括俄羅斯石油公司）賺得近百萬美元。並非所有與北溪相關的人脈關係都是腐敗的（施洛德堅決否認涉貪），但這些天然氣管既不符合德國的國家利益，也和歐洲的戰略穩定有所牴觸。俄羅斯二〇一四年首度入侵了烏克蘭，但即使如此，繼施洛德後出任德國總理的梅克爾也沒有結束北溪天然氣計畫。普丁或許自此開始相信他獲得放行，可以繼續侵略行動。

* 譯註：普丁擔任蘇聯情報機構「國家安全委員會」（KGB）特工期間，於一九八五至九〇年間派駐當時的東德大城德勒斯登。

很多人都曾猜測梅克爾的動機，但她的觀點其實與同時代幾乎所有民主國家領導人一致。她相信，互利互惠的投資加上一點點耐心，就能鼓勵俄羅斯融入歐洲，就像歐洲各國在二戰後學會相互融合一樣。她未能明白，俄羅斯的企業都不是民間公司，而是俄羅斯的國家代理人，在無數商業和政治交易中都代表克里姆林宮的利益。她未能了解，和那些不時接受中共補貼或指示的中國企業進行貿易，可能十分危險；她也不清楚，從稀有礦產到醫療用品等各種物資都仰賴這些企業，又存在怎樣的風險。

過度依賴與俄羅斯、中國或其他獨裁國家的貿易，不僅在經濟上產生風險，更關乎國家根基。俄羅斯入侵烏克蘭後，歐洲人才慘痛地意識到，依賴俄羅斯天然氣的決定讓他們付出多麼高昂的代價。改用更昂貴的能源導致了通膨，通膨又反過來引爆民怨。在俄羅斯假訊息戰的推波助瀾下，民怨升高使得德國極右翼的支持度激增。一旦極右翼政黨執政，戰後德國的本質就將面目全非。

二〇二三年四月，拜登總統的國安顧問蘇利文（Jake Sullivan）在華府一場演說中，談及過度依賴中國可能帶來的類似風險。他不主張脫鉤（意即美國經濟徹底與中國經濟脫離連結），而是主張去風險化：確保美國等民主國家不再全靠中國提供任何可能在危機發生時被當成經濟武器的資源。他舉了一些例子，包括美國「目前生產的鋰只能滿足當前電動車需求的四%，鈷則是十三%，鎳〇%，石墨〇%。在此同時，超過八成的關鍵礦物都只由一個國家加工，那就是中國」。他主張打造一套「供應鏈根植於北美，並延伸至歐洲、日本等地的綠能製造生態系」。

這件事必須更加大刀闊斧地進行，因為民主世界在礦產、半導體或能源供應上依賴中國、俄羅斯等獨裁國家，不僅會構成經濟風險，這樣的商業關係也在腐蝕我們的社會。北溪天然氣管並未如同當年德國總理布蘭特期待的那樣，深化商業關係並協助強化歐洲的長期和平，而是被俄羅斯當作勒索用的武器，並以有利於俄羅斯的方式影響歐洲政治。中國企業則利用在世界各地的存在來蒐集數據資訊，之後或可用於發動網路戰。俄羅斯、中國等國家的寡頭投入英美房地產的資金，讓大城市的房地產市場變得畸形，不只一位政治人物因此墮落貪腐。川普的首個總統任期內，就有匿名空殼公司購買川普品牌地產公司的公寓。這件事原本應該敲響警鐘，但事實不然，證明我們對盜賊統治的腐敗已習以為常。

我們與「獨裁者聯盟」之間的交易關係還帶來其他風險。歐盟委員會主席馮德萊恩（Ursula von der Leyen）也在二〇二三年春天的一場演說中表示，中國與歐洲之間的經濟關係「並不平衡」，而且「日益受到中國國家資本主義體系所造成的扭曲影響」。說得更直接一點，中國政府會補貼最大的企業，幫助它們在國際間競爭。馮德萊恩呼籲「在透明、可預測和互惠的基礎上重新平衡雙方關係」，這是以禮貌方式表達我們需要實施關稅、禁令和出口管制，確保中國無法以政府資金削弱我們的產業。

警訊可能不僅於此，因為競爭的對手不只是中國，也不只是在貿易方面。

當前的我們大約處在一個轉折點，必須在這個時刻決定如何形塑監控技術、人工智慧、物聯網、語音或臉部辨識系統以及其他新興技術，讓它們的發明者和使用者仍須向民主制度的法律負責，並遵守人權原則和透明度標準。我們已經未能監管社群媒體，因此對世界各地的政治造成了負面衝擊。舉一個顯而易見的例子：若未能在人工智慧扭曲政治對話之前實施監管，長期下來就可能產生災難性後果。民主世界應該再次聯合起來，提升透明度，制定國際標準，確保規則不會由獨裁國家制定，產品不會由獨裁國家塑造。

我們意識到這一切的時刻已經非常晚了。從莫斯科、香港再到卡拉卡斯，全球各地的民主運動人士一直在向我們發出警示：我們的工業、經濟政策和研究成果正在促進其他國家的經濟，甚至助長軍事侵略。他們是對的。

某些最有錢有勢的美國人和歐洲人在這些行業中扮演著矛盾角色。非常富有的人可以一方面與獨裁政權做生意，有時促進這些政權的外交政策目標，另一方面又與美國政府或歐洲政府做生意，同時享受民主世界自由市場中公民的地位和特權及法律保障。我們不能再生活在這樣的世界，是時候要他們做出選擇了。

民主世界攜手團結

「民主世界攜手團結」，我是抱持一個小心謹慎的心情在使用這句話。我無意以這句話羞辱任何人，也無意藉此暗示民主世界應該成為專制世界的明鏡。與此相反，我用這句話是因為，我相信美國的公民與歐洲、亞洲、非洲、拉美民主國家的公民應該開始認為彼此是相互連結的，而且也和獨裁國家有共同價值觀的人們相連。現在的他們比以往任何時候更需要彼此，因為他們的民主並不穩固。沒有人能保證自己的民主體制是安穩的。

長久以來自以為不同凡響的美國人最好記住，我們的國內政治始終與更大規模的世界息息相關，深受世界各地爭取自由和法治的奮戰所影響。渴望建立「歐洲堡壘」*的歐洲人也必須清醒意識到當前的現實：歐洲政治已被俄羅斯的影響力和中國的商業利益形塑，限制了可能的選擇。我們習慣認為是「西方」在影響世界，但現在常常是世界在影響西方。即使我們不相信、不承認，這種情況也不會消失。

從巴黎、馬德里、紐約到倫敦的民眾，對俄羅斯、中國、伊朗和委內瑞拉的政治領袖都沒有強烈情緒，但這些國家的統治者卻密切關注巴黎、馬德里、紐約和倫敦的各種動態。這些獨裁者深知，關於民主、反腐敗和正義的措詞（都是我們經常不假思索使用的）已對他們的權力構成威脅。無論我們是否蒙眼捂耳拒絕留意這一切，他們都會繼續影響我們的政治和經濟，試圖塑造成對他們有利的樣態。

---

* 譯註：在此意指二〇一一年敘利亞內戰爆發後，主張採取嚴格邊界管控措施，築起「堡壘」阻擋難民湧入歐洲。

對於現代互連世界醜陋的一面，祭出孤立主義是一種本能，甚至是可以理解的反應。對於民主國家的某些政客來說，孤立主義會繼續是成功掌握權力的途徑。英國推動脫歐的陣營藉由「奪回控制權」的比喻成功達標，這也難怪：在當前這個地球另一端的事件可能影響本地城鄉就業和物價的世界，人人都想獲得更多控制權。但英國真的因為脫歐而擁有更多改變世界的力量嗎？真的防範了外國資金扭曲英國政治嗎？真的阻止了來自中東戰區的難民進入英國嗎？答案是以上皆非。

還有一套思想與孤立主義一樣有著強烈誘惑，那就是相信國家只受權力鬥爭驅使、相信利益和地緣政治永遠掛帥的現實主義。現實主義同樣可能產生誤導，尤其是因為它可以吸引那些對政治冷漠以對的人。對現實主義者而言，如果各國從不改變，我們當然不需努力讓它們改變；如果各國有什麼原則永遠掛帥，我們自然也只要找出這些原則，然後加以習慣。然而，烏克蘭戰爭告訴我們，國家並不是風險博奕中的棋子。行動是怯懦或勇敢、領導是明智或殘酷、想法是好或壞，都能改變國家的行為。國與國的關係並非不可避免，彼此結盟與相互為敵也都不是永久不變。世界在二〇二二年二月之前並不存在一個援助烏克蘭的同盟，然後它就出現了。原本烏克蘭看似將被迅速征服，但這一可能性已在同盟誕生後煙消雲散。出於同樣的原因，若俄羅斯能夠出現一位不同類型、不同思維的領導人，就有可能更快地結束戰爭。

自由主義的世界秩序已不復存在，意圖建立一套自由秩序的願景似乎也不再符合現實。但仍然有實行自由主義的社會、開放和自由的國家，它們比封閉的獨裁國家更可能讓人民過上有意義的生活。這些自由社會並不完美，而是有著深刻缺陷、強烈分歧與可怕的歷史傷痕。但正因為如此，我們才更要起身捍衛。綜觀人類歷史，這類社會彌足珍貴，有太多都只能短暫存在，然後就傾頹崩壞，被從外部摧毀，或是從內部煽動及裂解。或者，自由社會有可能還得以挽救，前提是生活在其中的我們願意努力。

致謝

本書原文書名出自我和民主運動者暨深度思想家波波維奇（Srdja Popovic，塞爾維亞政治運動人士）的談話。他的著作對包括我在內的很多人都帶來重大啟發。

與以下人士的談話，對於本書提出的想法頗有助益：阿爾巴特（Yevgenia Albats）、博魯曼德（Ladan Boroumand）、波茲沃斯（James Bosworth）、卡羅瑟斯（Thomas Carothers）、唐諾文（Nick Donovan）、丹尼絲（Denise Dresser）、菲爾士丹（Steven Feldstein）、卡斯帕洛夫（Garry Kasparov）、庫蘭齊克（Joshua Kurlantzick）、羅培茲（Leopoldo López）、馬瓦里勒（Evan

Mawarire）、羅莎（Rosa María Payá）、波梅朗采夫（Peter Pomerantsev）、亞歷山大席科斯基（Alexander Sikorski）、拉德克席科斯基（Radek Sikorski）、季哈諾夫斯卡婭（Sviatlana Tsikhanouskaya）、沃克（Christopher Walker）、瓦特林（Jack Watling）、威爾遜（Damon Wilson），以及維茲（Tammy Wittes）。

墨菲（Cullen Murphy）是本書重要的初期讀者與編輯；托羅（Francisco Toro）則是同樣重要的後期顧問與編輯。史卡客（Abigail Skalka）也協助進行研究。葛瑞克特（Reuel Marc Gerecht）、沃克、波梅朗采夫、肯朵—泰勒（Andrea Kendall-Taylor）都讀過部分原稿。戈德堡（Jeffrey Goldberg）與史托瑟（Scott Stossel）委任我在《大西洋月刊》撰寫〈壞人正在攻城掠地〉（The Bad Guys Are Winning）一文，並擔任編輯，這篇文章後來成為本書前言。我撰寫本書時參考的其他十多篇《大西洋月刊》文章，大部分均由拉莫斯（Dante Ramos）編輯。

我還要特別感謝三個很難得的人：我的英國編輯普拉菲特（Stuart

Proffit）、我的美國編輯普歐波洛（Kris Puopolo）、我的作家經紀人波查爾特（Kris Puopolo）。三位都與我合作超過二十年。我對他們的無盡感謝，一如二〇〇三年出版《古拉格：蘇聯集中營的歷史》（*Gulag: A History*）的時候。

非常感謝諾拉（Nora Reichard），她一直擔任我的製作編輯，也感謝兩位總編輯德洛斯（Meredith Dros）和桑托基（Vimi Santokhi）、製作經理沃伊切霍夫斯基（Bob Wojciechowski）、設計師柯利卡（Michael Collica），還有Doubleday出版社和企鵝書屋（Penguin）由莎拉（Sara Hayet）與安娜貝爾（Annabelle Huxley）領導的傑出公關團隊。

註釋

編輯說明：由於《獨裁者聯盟》書末註釋含有大量新聞媒體的網路連結，為方便讀者檢索與搜尋，已經作者本人同意後採全文數位化處理。敬請掃描以下QR Code進行閱讀或下載：

或洽「衛城出版」的Facebook、Instagram、Thread等社群平臺小編，亦可直接來信至電子郵件信箱acropolisbeyond@gmail.com索取。若造成您的不便，敬請見諒，謝謝。

衛城出版編輯部

Beyond

85

世界的啟迪

獨裁者聯盟

專制政權如何互相幫助與布局跨國金權網路

Autocracy, Inc.: The Dictators Who Want to Run the World

作者	安愛波邦（Anne Applebaum）
譯者	李寧怡
責任編輯	洪仕翰
行銷企劃	張偉豪
總編輯	洪仕翰
封面設計	兒日設計
內頁排版	宸遠彩藝
出版	衛城出版／左岸文化事業有限公司
發行	遠足文化事業股份有限公司（讀書共和國出版集團）
地址	231 新北市新店區民權路 108-3 號 8 樓
電話	02-22181417
傳真	02-22180727
法律顧問	華洋國際專利商標事務所　蘇文生律師
印刷	呈靖彩藝有限公司
定價	新台幣 480 元
初版 1 刷	2025 年 2 月
ISBN	9786267376942（平裝） 9786267376911（EPUB） 9786267376904（PDF）

國家圖書館出版品預行編目(CIP)資料

獨裁者聯盟：
專制政權如何互相幫助與布局跨國金權網路
安愛波邦(Anne Applebaum)著，李寧怡譯.
--初版--新北市：衛城出版
左岸文化事業有限公司出版：遠足文化事業股份有限公司發行，2025.02 (Beyond；85)(世界的啟迪)
譯自：Autocracy, Inc.: The Dictators Who Want to Run the World.
ISBN 978-626-7376-94-2 (平裝)

1. 獨裁　2. 極權政治
3. 政治制度　4. 跨文化研究

571.76　　113018271

ACRO POLIS
衛城出版
Email acropolisbeyond@gmail.com
Facebook www.facebook.com/acrolispublish